国家示范性高等职业院校成果教材
新能源汽车技术系列

电动汽车整车故障诊断与分析实训指导书

李正国 主　编
何　军　朱小春　副主编

清华大学出版社
北京

内 容 简 介

本书以目前市场上销售量较大的纯电动轿车 BYD E5 为例,全面系统地介绍了纯电动轿车各系统工作原理、组成及故障诊断与分析,主要内容包括 BYD E5 低压配电系统、CAN 通信网、动力电池和管理系统、直交流充电系统、高压安全保护系统、电机控制系统、进入系统、空调系统、制动系统和电子助力转向系统等。

本书可作为高职高专、中职技校车辆工程及相关专业的教材,也可供从事电动汽车研究、开发、制造、维修、生产和管理等方面的工程技术人员参考。

版权所有,侵权必究。举报: 010-62782989, beiqinquan@tup.tsinghua.edu.cn。

图书在版编目(CIP)数据

电动汽车整车故障诊断与分析实训指导书/李正国主编. —北京:清华大学出版社,2019.10(2024.2重印)
国家示范性高等职业院校成果教材. 新能源汽车技术系列
ISBN 978-7-302-53767-0

Ⅰ. ①电… Ⅱ. ①李… Ⅲ. ①电动汽车—故障诊断—高等职业教育—教材 Ⅳ. ①U469.72

中国版本图书馆 CIP 数据核字(2019)第 196112 号

责任编辑:许　龙
封面设计:常雪影
责任校对:刘玉霞
责任印制:刘海龙

出版发行:清华大学出版社
网　　址: https://www.tup.com.cn, https://www.wqxuetang.com
地　　址: 北京清华大学学研大厦 A 座
邮　　编: 100084
社 总 机: 010-83470000
邮　　购: 010-62786544
投稿与读者服务: 010-62776969, c-service@tup.tsinghua.edu.cn
质量反馈: 010-62772015, zhiliang@tup.tsinghua.edu.cn

印 装 者:三河市龙大印装有限公司
经　　销:全国新华书店
开　　本: 185mm×260mm
印　　张: 6.5
字　　数: 152 千字
版　　次: 2019 年 10 月第 1 版
印　　次: 2024 年 2 月第 3 次印刷
定　　价: 25.00 元

产品编号:078559-02

前言

2018年12月纯电动汽车累计销量24万台,同比实现正增长34%,全年累计销量70万台,同比实现正增长58%。销量排名前五的品牌分别是比亚迪、北汽新能源、北汽、荣威、吉利。

随着大量的纯电动汽车的出现,为纯电动汽车服务的各种产业,如电动汽车充电站、电动汽车维修站和电动汽车零配件商店等,也像雨后春笋般地发展起来。许多再就业人员转而从事与电动汽车相关的职业,同时全国很多职业院校也开设了新能源汽车技术服务专业。为了对这些人员进行职业技能培训,特编写这部配套教材。

本配套教材分为《电动汽车整车故障诊断与分析》和《电动汽车整车故障诊断与分析实训指导书》两册。《电动汽车整车故障诊断与分析》全面系统地介绍了纯电动轿车各系统工作原理与组成、电路图、高低压线路信息、工作数据信息和故障码分析以及可模拟设置的各种故障,主要内容包括 BYD E5 低压配电系统、CAN 通信网、动力电池和管理系统、直交流充电系统、高压安全保护系统、电机控制系统、进入系统、空调系统、制动系统和电子助力转向系统等。《电动汽车整车故障诊断与分析实训指导书》则从电动汽车维修安全入手,详细介绍了电动汽车各个系统的安装程序、检查维修要点和故障诊断与分析方法。

本配套教材与以往出版的类似图书相比,特别强调了通俗性、新颖性和实用性。具体表现在:

(1) 本配套教材的读者对象主要是电动汽车相关行业的从业人员和职业院校的学生,由于他们的电力电子基础知识比较薄弱,因此在编写时,力求语言通俗,不涉及太多的理论知识,而把重点放在工作原理和维修方法的介绍上,主要以使掌握基本技能为目的。

(2) 本配套教材介绍的具体车型主要是目前市场上销量较大的比亚迪的车型,对一些销量小的车型则较少涉及。

(3) 本配套教材对目前电动汽车上采用的所有的技术,如动力电池和管理系统、电机驱动系统、直交流充电系统及高压安全保护系统等,都进行了较为详细的介绍。

(4) 由于电动汽车零配件生产的专业化程度越来越高,而生产成本越来越低,传统的以零件修复为主的汽车修理手段已逐渐被以零件更换为主的修理方法所取代,因此,本配套教材的电动汽车维修部分将介绍的重点放在了零件的拆卸安装程序、检测手段和仪器以及故障诊断方法等内容上。以满足电动汽车维修从业人员的实际需要。

本套教材由深圳职业技术学院李正国教授主编,并编写了本套教材的第一、二、三、四、五章,第六、七、八、九、十、十一、十二、十三章由朱小春副教授编写,第十四、十五、十六、十七、十八、十九章,由何军高级技师编写。

限于编者水平,疏漏之处在所难免,恳请读者批评、指正,谢谢!

编 者

2019 年 4 月

目录

实训 1　高压安全操作 ·· 1

　　1.1　高压安全操作要求 ·· 1
　　1.2　电气测量操作要求 ·· 3

实训 2　BYD E5 高压部件 ·· 4

　　2.1　拆卸和安装高压电控总成 ·· 4
　　2.2　拆卸和安装电池管理器 ··· 5

实训 3　BYD E5 低压电路 ·· 7

　　3.1　EPB ECU 诊断数据读取 ·· 7
　　3.2　EPB ECU 的拆卸和安装 ·· 8
　　3.3　EPB ECU 接插件识别和线束 ·· 9
　　3.4　EPB ECU 电路和信号测量 ··· 9

实训 4　BYD E5 低压配电 ··· 12

　　4.1　实训准备（教师） ·· 12
　　4.2　设置故障（教师） ·· 12
　　4.3　故障分析和定位（学员） ·· 13
　　4.4　解决故障（学员） ·· 13
　　4.5　进行复检（学员） ·· 13
　　4.6　再次确认（教师） ·· 13

实训 5　BYD E5 CAN 通信 ·· 14

　　5.1　实训准备（教师） ·· 14
　　5.2　设置故障（教师） ·· 14
　　5.3　发现故障（学员） ·· 15
　　5.4　故障分析和定位（学员） ·· 15
　　5.5　解决故障（学员） ·· 15
　　5.6　进行复检（学员） ·· 16
　　5.7　再次确认（教师） ·· 16

实训 6　BYD E5 动力电池和管理系统 ·· 17

　　6.1　实训准备（教师） ·· 17

6.2 设置故障(教师) ·· 17
6.3 发现故障(学员) ·· 18
6.4 故障分析和定位(学员) ··· 18
6.5 解决故障(学员) ·· 21
6.6 进行复检(学员) ·· 22
6.7 再次确认(教师) ·· 22

实训 7 BYD E5 直流充电 ··· 23

7.1 实训准备(教师) ·· 23
7.2 设置故障(教师) ·· 23
7.3 发现故障(学员) ·· 23
7.4 故障分析和定位(学员) ··· 24
7.5 解决故障(学员) ·· 26
7.6 进行复检(学员) ·· 26
7.7 再次确认(教师) ·· 26

实训 8 BYD E5 交流充电 ··· 27

8.1 实训准备(教师) ·· 27
8.2 设置故障(教师) ·· 27
8.3 发现故障(学员) ·· 28
8.4 故障分析和定位(学员) ··· 28
8.5 解决故障(学员) ·· 31
8.6 进行复检(学员) ·· 32
8.7 再次确认(教师) ·· 32

实训 9 BYD E5 高压安全保护 ·· 33

9.1 实训准备(教师) ·· 33
9.2 设置故障(教师) ·· 33
9.3 发现故障(学员) ·· 33
9.4 故障分析和定位(学员) ··· 34
9.5 解决故障(学员) ·· 35
9.6 进行复检(学员) ·· 36
9.7 再次确认(教师) ·· 36

实训 10 BYD E5 电机控制系统 ·· 37

10.1 实训环境(教师) ·· 37
10.2 设置故障(教师) ·· 37
10.3 发现故障(学员) ·· 38
10.4 故障分析和定位(学员) ··· 38

10.5 解决故障（学员） ……………………………………………………………… 40
10.6 进行复检（学员） ……………………………………………………………… 40
10.7 再次确认（教师） ……………………………………………………………… 40

实训 11 BYD E5 DC-DC 和低压电池 …………………………………………… 41

11.1 实训准备（教师） ……………………………………………………………… 41
11.2 设置故障（教师） ……………………………………………………………… 41
11.3 发现故障（学员） ……………………………………………………………… 41
11.4 故障分析和定位（学员） ……………………………………………………… 41
11.5 解决故障（学员） ……………………………………………………………… 44
11.6 进行复检（学员） ……………………………………………………………… 44
11.7 再次确认（教师） ……………………………………………………………… 44

实训 12 BYD E5 汽车进入（智能钥匙） ……………………………………… 45

12.1 实训准备（教师） ……………………………………………………………… 45
12.2 设置故障（教师） ……………………………………………………………… 45
12.3 发现故障（学员） ……………………………………………………………… 45
12.4 故障分析和定位（学员） ……………………………………………………… 46
12.5 解决故障（学员） ……………………………………………………………… 49
12.6 进行复检（学员） ……………………………………………………………… 49
12.7 再次确认（教师） ……………………………………………………………… 49

实训 13 BYD E5 汽车启动（打火启动） ……………………………………… 50

13.1 实训准备（教师） ……………………………………………………………… 50
13.2 设置故障（教师） ……………………………………………………………… 50
13.3 发现故障（学员） ……………………………………………………………… 50
13.4 故障分析和定位（学员） ……………………………………………………… 51
13.5 解决故障（学员） ……………………………………………………………… 55
13.6 进行复检（学员） ……………………………………………………………… 55
13.7 再次确认（教师） ……………………………………………………………… 55

实训 14 BYD E5 汽车空调和 PTC ……………………………………………… 56

14.1 实训准备（教师） ……………………………………………………………… 56
14.2 设置故障（教师） ……………………………………………………………… 56
14.3 发现故障（学员） ……………………………………………………………… 56
14.4 故障分析和定位（学员） ……………………………………………………… 57
14.5 解决故障（学员） ……………………………………………………………… 61
14.6 进行复检（学员） ……………………………………………………………… 61
14.7 再次确认（教师） ……………………………………………………………… 61

实训 15　BYD E5 汽车门窗控制 ··· 62

 15.1　实训准备（教师） ·· 62
 15.2　设置故障（教师） ·· 62
 15.3　发现故障（学员） ·· 63
 15.4　故障分析和定位（学员） ·· 63
 15.5　解决故障（学员） ·· 66
 15.6　进行复检（学员） ·· 66
 15.7　再次确认（教师） ·· 66

实训 16　BYD E5 汽车灯光系统 ·· 67

 16.1　实训准备（教师） ·· 67
 16.2　设置故障（教师） ·· 67
 16.3　发现故障（学员） ·· 68
 16.4　故障分析和定位（学员） ·· 68
 16.5　解决故障（学员） ·· 72
 16.6　进行复检（学员） ·· 72
 16.7　再次确认（教师） ·· 72

实训 17　BYD E5 汽车驻车 ·· 73

 17.1　实训准备（教师） ·· 73
 17.2　设置故障（教师） ·· 73
 17.3　发现故障（学员） ·· 73
 17.4　故障分析和定位（学员） ·· 73
 17.5　解决故障（学员） ·· 76
 17.6　进行复检（学员） ·· 77
 17.7　再次确认（教师） ·· 77

实训 18　BYD E5 制动和 ABS ··· 78

 18.1　实训准备（教师） ·· 78
 18.2　设置故障（教师） ·· 78
 18.3　发现故障（学员） ·· 79
 18.4　故障分析和定位（学员） ·· 79
 18.5　解决故障（学员） ·· 82
 18.6　进行复检（学员） ·· 82
 18.7　再次确认（教师） ·· 82

实训 19　BYD E5 汽车电子助力转向系统 ··· 83

 19.1　实训准备（教师） ·· 83

19.2	设置故障(教师)	83
19.3	发现故障(学员)	83
19.4	故障分析和定位(学员)	84
19.5	解决故障(学员)	88
19.6	进行复检(学员)	88
19.7	再次确认(教师)	88

附录　实训项目记录单 …………………………………………………………… 89

参考文献 ……………………………………………………………………………… 91

实训 1　高压安全操作

1.1　高压安全操作要求

BYD E5 内部具有 650V 的直流高压,存在人身安全隐患,因此在操作高压部件时必须特别注意遵循高压维护操作准则:熟悉高压电器电路、进行有效防护、标准操作和小心谨慎。安全操作流程图如图 1-1 所示。

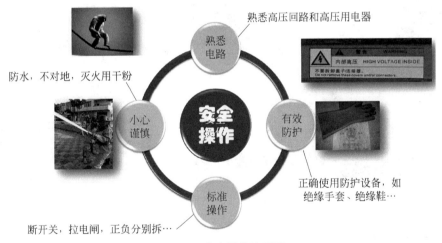

图 1-1　安全操作流程图

1. 熟悉高压电器和电路

比亚迪 E5 纯电动车的高压部件和连接位置如图 1-2 所示。

2. 进行有效防护

操作者最主要的防护装备(见图 1-3)有:

(1) 绝缘手套,耐压超过 1000V;

(2) 绝缘胶鞋,耐压超过 1000V;

(3) 防护目镜。

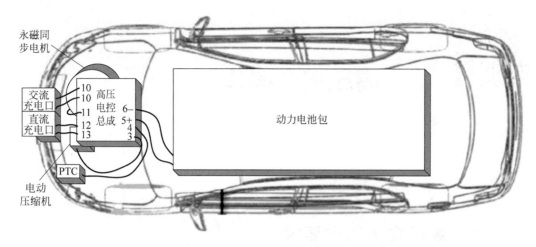

图 1-2 E5 的高压部件和连接位置

此外,使用万用表、电笔、电工胶带、电工手电筒等测量工具辅助操作。

操作时,必须有具备电工维修资质的人员在旁监测和辅助。

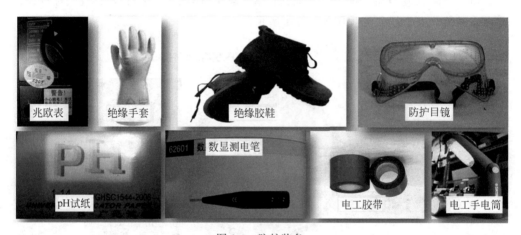

图 1-3 防护装备

3. 按照标准操作

第一步,切断车辆电源(将启动按钮打到 OFF 挡),等待 5min。

第二步,戴好绝缘手套。

第三步,如果可能,断开前舱低压电池负极。

第四步,对高压系统进行检查并记录相关数据,在车辆上电时应该通知正在检查、维修高压系统的人员。检修时做好高压系统的绝缘防护处理。

第五步,高压系统检修后一定要对拆卸或者更换过的零部件进行检查,避免因检修后忘记恢复而造成其他影响。

4. 小心谨慎

(1) 在车体高压或者高温处均有"告警标示",严格按照标示操作;

(2) 洗车时勿将高压水枪向充电部位喷射,以避免充电口进水,发生触电危险;
(3) 使用指定的充电插座及充电线,切勿自行选择充电设备;
(4) 车辆消防灭火时,采用干粉灭火器,禁止使用水浇;
(5) 车辆维修时,不可车体湿润或者带水操作;
(6) 更换电池包时,注意防酸碱,使用工业防碱手套,并佩戴防护目镜;
(7) 车辆拆装时,不可同时操作正负极;
(8) 禁止正负极对接,避免正极或者负极经人体对地;
(9) 拆开的高压线口要绝缘处理;
(10) 双人操作时,一人监护,一人操作。

1.2 电气测量操作要求

纯电动汽车的电气测量包括带电测量和非带电测量两种情况,带电测量主要测试电压、电流、波形,非带电测量主要测量电阻以及通断。

带电测量又分成低压控制信号测试和高压动力信号测试。低压控制信号可以在带电情况下进行测试;对于高压信号的测量,除了非常必要的情况下不要测量,如果必须测量,一定要按照用电安全要求,做好绝缘和防护措施。

一般测量的工具为万用表和示波器,使用时一定要注意测量量程和精度的调节。

测量完成后,将测量结果记录在实训记录单中。

实训 2　BYD E5 高压部件

本实训主要了解 E5 汽车的高压部件和线路，考虑到拆卸难度，主要进行如下两项：

(1) 拆卸和重新安装高压电控总成；

(2) 拆卸和重新安装电池管理器 BMC。

对于其他高压部件如动力电池、充电口、动力总成、电动压缩机、PTC 加热器等，主要观测实物在车内的位置。

在拆装前，一定要做好高压防护准备！

2.1　拆卸和安装高压电控总成

高压电控总成位于前舱，内置高压配电箱、电机控制器、车载充电器 OBC、DC-DC 转换器以及漏电传感器，为 E5 高压动力最大的部件，如图 2-1 所示。

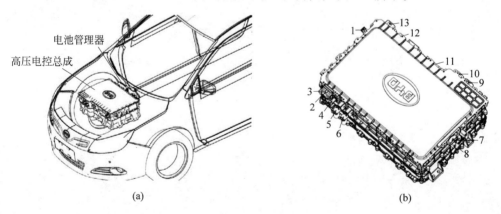

图 2-1　E5 高压电控总成

(a) E5 高压电控总成位置；(b) E5 高压电控总成；(c) E5 高压电控总成底部

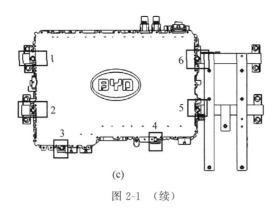

(c)

图 2-1 （续）

拆装高压电控总成步骤如图 2-2 所示。

| 1 | 将车辆退电至OFF挡，等待5min |

下一步

| 2 | 打开前舱盖 |

下一步

| 3 | 用14号套筒拆除四合一控制器与前舱大支架之间的6个M10螺栓 |

下一步

| 4 | 依次拔除四合一上的所有高低压接插件 |

下一步

| 5 | 拆除四合一冷却进、出水口以及排气管管路，并拆除左右两根搭铁线 |

下一步

| 6 | 用抱装夹具将四合一控制器从前舱中抬出 |

高压电控总成安装按照拆卸相反顺序进行

图 2-2　拆卸高压电控总成步骤

2.2　拆卸和安装电池管理器

电池管理器（BMC）用于管理动力电池，位于前舱，在高压电控总成后面，如图 2-3 所示。

拆装电池管理器的具体步骤如图 2-4 所示。

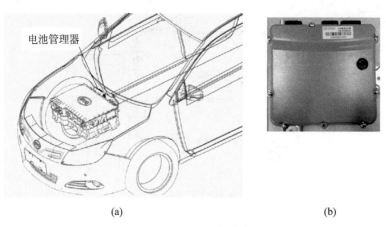

(a) (b)

图 2-3 E5 电池管理器

(a) E5 电池管理器位置；(b) E5 电池管理器

| 1 | 将车辆退电至OFF挡，等待5min |

下一步

| 2 | 打开前舱盖 |

下一步

| 3 | 拔掉电池管理器上连接的动力电池采样线和整车低压线束的接插件，拔掉整车低压线束在电池管理器支架上的固定卡扣 |

下一步

| 4 | 用10号套筒拆卸电池管理器的3个固定螺母 |

下一步

| 5 | 更换电池管理器，插上动力电池采样线和整车低压线束的接插件，并确认 |

下一步

| 6 | 用10号套筒拧紧电池管理器的3个固定螺母 |

电池管理器安装按照拆卸相反顺序进行

图 2-4 拆装电池管理器步骤

实训 3　BYD E5 低压电路

本实训主要对 BYD E5 典型的低压控制 ECU 即电子驻车控制器(EPB ECU)以及相关线束进行识别、拆解、安装和电气测量,使学生学会使用诊断工具对 EPB ECU 进行诊断。

3.1　EPB ECU 诊断数据读取

1. EPB ECU 工作数据读取

使用汽车诊断工具进入"ECS 网-EPB 电子驻车"→"读取数据",可以读取 EPB ECU 的工作数据。

在 EPB 驻车开启和解除时分别进行测试,观察 EPB ECU 的工作数据并记录在表 3-1 中。

表 3-1　EPB ECU 的工作数据

数 据 名 称	含　义
电源电压	12V 工作电源
打开拉起功能电路正常	
关闭拉起功能电路正常	
关闭释放功能电路正常	
打开释放功能电路正常	
供应电压电路	
左电机电流	
右电机电流	
ECU 温度	
驻车制动开关状态	开启或者解除
目标拉力	
EPB 状态	
EPB 校准检测状态	
IGN 状态	

续表

数 据 名 称	含　　义
维修模式	
EPB 电机操作有效	
动态拉起状态	
EPB 操作模式	
左最大力拉起	
左中力拉起	
左小力拉起	
右最大力拉起	
右中力拉起	
右小力拉起	

2. EPB ECU 诊断故障码读取

使用汽车诊断工具进入"ECS 网-EPB 电子驻车"→"读取故障",可以读取 EPB ECU 的故障码。

使用汽车诊断工具进入"ECS 网-EPB 电子驻车"→"清除故障",可以清除 EPB ECU 当前或者历史故障。

将汽车重新断电和上电一次,检查故障是否重新出现。

3.2　EPB ECU 的拆卸和安装

1. 拆卸步骤

(1) 拆卸行李箱右侧内饰板。
(2) 断开 EPB 控制器接插件。
(3) 拆卸 EPB 控制器。用 10 号套筒拆卸 3 个螺母,取下 EPB 控制器。

2. 安装步骤

(1) 安装 EPB 控制器。将 EPB 控制器对准安装孔,用 10 号套筒装上 3 个固定螺母。
(2) 安装 EPB 线束接插件。
(3) 安装行李箱右侧内饰板。

电子驻车控制器位于车内行李厢右侧,拆开右侧内饰板即可见,如图 3-1 所示。

实训3　BYD E5低压电路

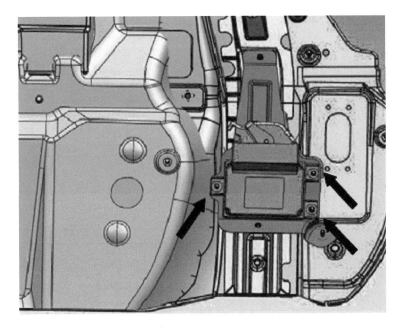

图 3-1　电子驻车控制器位置

3.3　EPB ECU 接插件识别和线束

EPB ECU 直接连接的只有一个接插件，即 K31 接插件，如图 3-2 所示。

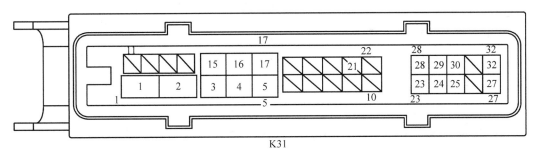

图 3-2　K31 接插件

3.4　EPB ECU 电路和信号测量

EPB ECU 电路图如图 3-3 所示。

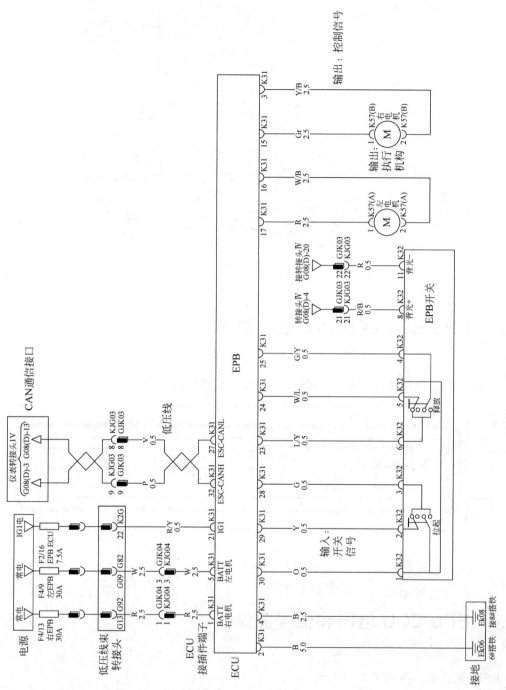

图 3-3 EPB ECU 电路图

使用万用表对 K31 接插件端子进行电气测量,标准参数见表 3-2。

表 3-2 标准参数电压或电阻

端子号	线色	端子描述	条件	正常值/V
K31-1～车身地	R	常电电源	始终	11～14
K31-2～车身地	B	接地	始终	<1Ω
K31-4～车身地	B	接地	始终	<1Ω
K31-5～车身地	W	常用电源	始终	11～14
K31-21～车身地	R/Y	IG1	ON 挡电	11～14
K31-23～车身地	L/Y	开关信号	ON 挡电	11～14
K31-24～车身地	W/Y	开关信号	ON 挡电	11～14
K31-25～车身地	G/Y	开关信号	ON 挡电	11～14
K31-27～车身地	V	CAN-L	始终	约 2.5
K31-28～车身地	G	开关信号	ON 挡电	11～14
K31-29～车身地	Y	开关信号	ON 挡电	11～14
K31-30～车身地	O	开关信号	ON 挡电	11～14
K31-32～车身地	P	CAN-H	始终	约 2.5

实训 4 BYD E5低压配电

本实训主要使学员了解 BYD E5 配电盒中各保险与具体电器的对应关系,并学会更换保险。

4.1 实训准备(教师)

教师预先使用断路的保险替换正常的保险,制造故障。
确保汽车可以正常上电。

4.2 设置故障(教师)

建议本项目设置的故障位置见表 4-1。

表 4-1 故障位置

故障编号	保险描述	位 置	故障类型
FK-1	电池管理器 BMC 常电保险 F4/14	仪表板配电盒 Ⅱ	保险断路
FK-2	电池管理器和 DC-DC 双路电保险 F2/32	仪表板配电盒	保险断路
FK-3	高压配电箱和 OBC 的双路电保险 F2/33	仪表板配电盒	保险断路
FK-4	直流充电 12V 辅助电保险 F1/8	前舱配电盒	保险断路
FK-5	交流充电枪闭锁电源 F4/11	仪表板配电盒 Ⅱ	保险断路
FK-6	VTOG 电机常电保险 F2/2	仪表板配电盒	保险断路
FK-7	VTOG 电机双路电 F4/2	仪表板配电盒 Ⅱ	保险断路
FK-8	空调水泵保险 F1/12	前舱配电盒	保险断路
FK-9	空调系统保险 F2/14	仪表板配电盒	保险断路
FK-10	转向灯保险 F1/13	前舱配电盒	保险断路
FK-11	制动灯/喇叭保险 F1/14	前舱配电盒	保险断路
FK-12	雨刮保险 F2/36	仪表板配电盒	保险断路
FK-13	EPS ECU 电源保险 F2/15	前舱配电盒	保险断路
FK-14	EPB ECU 电源保险 F2/16	前舱配电盒	保险断路
FK-15	EPB 左电机电源保险 F4/9	仪表板配电盒 Ⅱ	保险断路
FK-16	EPB 右电机电源保险 F4/13	仪表板配电盒 Ⅱ	保险断路
FK-17	组合仪表保险 F2/13	仪表板配电盒	保险断路

学员上车实际操作驾驶,发现故障,并将故障表现记录在实训记录单中。

4.3 故障分析和定位(学员)

根据故障表现,结合理论知识,对故障进行初步分析。将初步分析结果记录在实训记录单中,描述故障可能发生的原因。

首先,要确认前舱低压电池是否输出正常。使用万用表测量低压电池的输出,确认是否在 12~14V 之间。

在确认为保险故障的情况下,学员进行如下操作判断故障位置:
(1) 根据故障表现判断具体哪个电器出现问题,此过程中可以通过诊断仪辅助测试;
(2) 确认具体电器与保险的关联关系;
(3) 确认保险所在保险盒的位置,并拆开取出保险;
(4) 使用万用表测量保险是否断路。

测量完成后,将测量结果记录在实训记录单中。

4.4 解决故障(学员)

按照诊断流程进行操作,依据结果判断故障的具体位置(部件、端子或者线束)和类型(断路、短路、损坏等)。同时提出对该故障的解决办法,比如更换部件、线束。本实训为更换保险,并重新安装好。

将故障位置、故障类型和解决过程等信息记录在实训记录单上,并上报教师。

4.5 进行复检(学员)

学员重复诊断流程的操作步骤,解决故障后,学员确认故障是否消失。

4.6 再次确认(教师)

教师确认汽车故障是否消失。

实训 5　BYD E5 CAN通信

5.1　实训准备(教师)

实训前保证：
(1) 汽车正常可用，无动力故障；
(2) 无漏电等高压安全风险；
(3) 动力电池和低压电池电量充足。

5.2　设置故障(教师)

教师使用故障设置和诊断设备，进入"总体"→"CAN总线"→"故障设置"，可以在对应的线束和端子上设置故障，故障类型见表5-1。

表 5-1　故障类型

故障编号	线束/端子描述	位　　置	故 障 类 型
CAN-1	启动网的 CAN-L	网关端子 G19-2	CAN-L 线断路
CAN-2	启动网的 CAN-H	网关端子 G19-1	CAN-H 线对地短路
CAN-3	启动网的 CAN-L/CAN-H	网关端子 G19-2/1	CAN-L 和 CAN-H 线间短路
CAN-4	启动网的 CAN-L	网关端子 G19-2	CAN-L 线对 12V 电源短路
CAN-5	舒适网的 CAN-L	网关端子 G19-8	CAN-L 线断路
CAN-6	舒适网的 CAN-H	网关端子 G19-7	CAN-H 线对地短路
CAN-7	舒适网的 CAN-L/CAN-H	网关端子 G19-8/7	CAN-L 和 CAN-H 线间短路
CAN-8	舒适网的 CAN-L	网关端子 G19-8	CAN-L 线对 12V 电源短路
CAN-9	动力网的 CAN-L	网关端子 G19-10	CAN-L 线断路
CAN-10	动力网的 CAN-H	网关端子 G19-9	CAN-H 线对地短路
CAN-11	动力网的 CAN-L/CAN-H	网关端子 G19-10/9	CAN-L 和 CAN-H 线间短路
CAN-12	动力网的 CAN-L	网关端子 G19-10	CAN-L 线对 12V 电源短路
CAN-13	ESC 网的 CAN-L	网关端子 G19-13	CAN-L 线断路

续表

故障编号	线束/端子描述	位 置	故障类型
CAN-14	ESC 网的 CAN-H	网关端子 G19-14	CAN-H 线对地短路
CAN-15	ESC 网的 CAN-L/CAN-H	网关端子 G19-13/14	CAN-L 和 CAN-H 线间短路
CAN-16	ESC 网的 CAN-L	网关端子 G19-13	CAN-L 线对 12V 电源短路

故障设置完成后,由学员进行操作。多个故障可以同时设置,建议每个实训小组只设置一个故障,不同的实训小组可以设置不同的故障。

5.3 发现故障(学员)

学员上车实际操作驾驶,发现故障,并将故障表现记录在实训记录单中。

5.4 故障分析和定位(学员)

根据故障的表现,结合理论知识,对故障进行初步分析。将初步分析结果记录在实训记录单中,并描述故障可能发生的原因。

CAN 通信没有直接的工况数据和故障码可以读取,可以通过如下间接方式获得 CAN 网络状态:

(1) 读取部件的工作数据,如果返回为"连续超时",则表明该部件的 CAN 通信可能存在问题。故障可能出现在线路上,也可以是部件本身,或者是网关;

(2) 读取某个功能系统各个部件的工作数据,如果都返回为"连续超时",则表明该功能系统的 CAN 总线或者网关出现问题;

(3) 如果读取某个部件的故障码或者工作数据,出现"与××部件通信异常",则可以判断××部件或者 CAN 线路出现问题。

5.5 解决故障(学员)

按照电气测量诊断流程图(见图 5-1)所示的步骤进行操作,依据结果判断故障的具体位置(部件、端子或者线束)和类型(断路、短路、损坏等)。同时提出对该故障的解决办法,比如更换部件、线束。

诊断流程

| 1 | 车辆送入维修车间 |

下一步

| 2 | 客户故障分析检查和症状检查 |

下一步

| 3 | 检查蓄电池电压 |

标准电压：11～14V。如果电压低于11V，在转至下一步前对蓄电池充电或更换蓄电池

下一步

| 4 | 故障症状确认 |

下一步

| 5 | 检查网关及外围电路 |

下一步

| 6 | 检查各网络主节点终端电阻 |

下一步

| 结束 | |

图 5-1　电气测量诊断流程图

5.6　进行复检(学员)

学员重复诊断流程的操作步骤，将获得的数据记录在实训记录单中，并进行对比。

此时，故障诊断设备读出的故障码作为历史故障仍存在，需要进入 BYD→"网关"→"清除故障"，才可以清除历史故障。

5.7　再次确认(教师)

教师确认汽车故障是否消失，故障诊断设备不再读出故障。

实训 6　BYD E5动力电池和管理系统

6.1　实训准备(教师)

实训前保证：
(1) 汽车正常可用，无动力故障；
(2) 无漏电等高压安全风险；
(3) 动力电池和低压电池电量充足。

6.2　设置故障(教师)

教师使用故障设置和诊断设备，进入"动力系统"→"电池管理器"→"故障设置"，可以在对应的线束和端子上设置故障。

故障设置完成后，由学员进行操作。多个故障可以同时设置，建议每个实训小组只设置一个故障，不同的实训小组可以设置不同的故障。

本项目设置的低压线束/端子的断路故障见表 6-1。

表 6-1　低压线束/端子的断路故障

故障编号	线束/端子描述	位　　置	故障类型
BMS-1	电池包总负极接触器控制信号	BK45(C)-10	线束断路
BMS-2	电池包内部分压接触器1控制信号	BK45(C)-3	线束断路
BMS-3	电池子网 CAN-H	BK45(C)-8	线束断路
BMS-4	主预充接触器拉低控制	B28(B)-29	线束断路
BMS-5	主接触器拉低控制	B28(B)-32	线束断路
BMS-6	电流霍尔信号	B28(B)-18	线束断路
BMS-7	电池管理器及电机控制器 CAN-H	GJB04-19	线束断路
BMS-8	电池管理器仪表指示灯	BJG05-7	线束断路
BMS-9	碰撞信号	GJB04-17	线束断路

6.3 发现故障(学员)

学员上车实际操作驾驶,发现故障,并将故障表现记录在实训记录单中。

6.4 故障分析和定位(学员)

根据故障表现,结合理论知识,对故障进行初步分析。将初步分析结果记录在实训记录单中,并描述故障可能发生的原因。

首先确认两点:

(1) 智能钥匙已经被检测到,此时 START 按钮为绿色;

(2) 上电操作步骤正确(踩住脚刹,并按下 START 按钮),START 按钮变成橙色,但没有最终熄灭。

如果以上两点都正常,则应该是动力部件出现问题,包括:

(1) 动力电池。电池电量过低。

(2) 高压线路故障。若不会设置这种故障,可以跳过。

(3) BMC。BMC 内部故障、BMC 低压控制线束短路或者断路。

(4) 高压配电箱(高压电控总成)。高压电控总成内部故障、BMS-高压电控总成低压控制线束出错。

动力电池和管理系统的电气测量诊断流程图如图 6-1 所示。

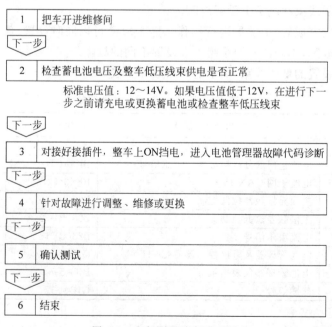

图 6-1 电气测量诊断流程图

6.4.1 读取故障码和实时数据

使用诊断工具进入 BYD→"电池管理器 BMS"→"读取数据",可以读取 E5 电池、电池采集器、电池管理器以及高压配电箱的实时数据,包括高压数据,见表 6-2。

表 6-2 电池管理器的数据

数据名称	含义	备注
SOC	剩余电量	0~100%
电池组当前总电压	动力电池输出(放电)/输入(充电)直流动力电压	正常情况约 650V
电池组当前总电流	动力电池输出(放电)/输入(充电)直流动力电流	正为放电输出,负为充电输入
预充状态	电池到电机放电的预充过程是否完成	正常上电后应为完成
主接触器状态	高压配电箱的主接触器的吸合/断开状态	正常上电后应为吸合
预充接触器状态	高压配电箱的预充接触器的吸合/断开状态	正常上电后先吸合,后断开
充电接触器状态	高压配电箱的直流或者交流充电接触器的吸合/断开状态	非充电时应为断开
正极接触器状态	动力电池包的正极接触器的吸合/断开状态	正常上电后应为吸合
负极接触器状态	动力电池包的负极接触器的吸合/断开状态	正常上电后应为吸合
分压接触器 1 状态	动力电池包的分压接触器 1 的吸合/断开状态	正常上电后应为吸合
分压接触器 2 状态	动力电池包的分压接触器 1 的吸合/断开状态	正常上电后应为吸合
最低电压电池编号	动力电池包中电压最低的单体编号	共 198 个电池单体
最高电压电池编号	动力电池包中电压最高的单体编号	共 198 个电池单体
最低温度电池编号	动力电池包中温度最低的单体编号	共 198 个电池单体
最高温度电池编号	动力电池包中温度最高的单体编号	共 198 个电池单体
最低单节电池电压	动力电池包中电压最低的单体的电压	正常情况约 3.2V
最高单节电池电压	动力电池包中电压最高的单体的电压	正常情况约 3.2V
最低单节电池温度	动力电池包中温度最低的单体的温度	正常情况下 40℃左右
最高单节电池温度	动力电池包中温度最高的单体的温度	正常情况下 40℃左右
电池组平均温度	动力电池包所有单体温度的平均值	正常情况下 40℃左右
均衡状态	动力电池是否处于均衡状态	一般在满充后进行均衡
放电是否允许	动力电池是否允许放电	正常上电后应为允许
充电是否允许	动力电池是否允许充电	正常上电后应为允许
智能充电是否允许	动力电池是否允许向 12V 低压铁电池充电	正常上电后应为允许
用电设备是否允许	空调、PTC 等设备是否可以使用	正常上电后应为允许
VTOL 放电是否允许	车对车放电是否允许	正常上电后应为允许
车内插座是否允许	车内使用 220V 交流电是否可以	正常上电后应为允许
DC 工作是否允许	DC-DC 是否允许工作	正常上电后应为允许
主动泄放是否允许	动力电池是否允许主动泄放	正常上电后应为允许

使用诊断工具进入 BYD→"电池模组 BIC"→"读取数据",可以读取 E5 电池包内 13 个电池模组的采样信息,见表 6-3。

表 6-3 电池模组 BIC 的数据

数据名称	备注
BIC1 最低单节电池电压	正常情况约 3.2V
BIC1 最高单节电池电压	正常情况约 3.2V
BIC1 最低单节电池温度	正常情况下 40℃ 左右
BIC1 最高单节电池温度	正常情况下 40℃ 左右
BIC1 最低电压电池编号	
BIC1 最高电压电池编号	
BIC1 最低温度电池编号	
BIC1 最高温度电池编号	
⋮	
BIC13 最低单节电池电压	正常情况约 3.2V
BIC13 最高单节电池电压	正常情况约 3.2V
BIC13 最低单节电池温度	正常情况下 40℃ 左右
BIC13 最高单节电池温度	正常情况下 40℃ 左右
BIC13 最低电压电池编号	
BIC13 最高电压电池编号	
BIC13 最低温度电池编号	
BIC13 最高温度电池编号	

6.4.2 使用工具进行电气测量

低压电气信号测量的具体步骤：
（1）断开动力电池管理器连接器；
（2）测量线束端输入电压；
（3）接回电池管理器连接器；
（4）测量各端子值。

可以测试的低压信号标准见表 6-4。

表 6-4 低压信号标准

连接端子	端子描述	线色	条件	正常值/V
BMC01-1～GND	高压互锁输出信号	W	ON 挡/OK 挡/充电	PWM 脉冲信号
BMC01-2～GND	一般漏电信号	L/W	一般漏电	小于 1
BMC01-6～GND	整车低压地	B	始终	小于 1
BMC01-9～GND	主接触器拉低控制信号	Br	OK 挡	小于 1
BMC01-10～GND	严重漏电信号	Y/G	严重漏电	小于 1
BMC01-14～GND	12V 蓄电池正	G/R	ON 挡/OK 挡/充电	9～16
BMC01-17～GND	主预充接触器拉低控制信号	W/L	预充过程中	小于 1
BMC01-26～GND	直流霍尔信号	W/B	电源 ON 挡	0～4.2
BMC01-27～GND	电流霍尔+15V	Y/B		9～16
BMC01-28～GND	直流霍尔屏蔽地	Y/G		

续表

连接端子	端子描述	线色	条件	正常值/V
BMC01-29～GND	电流霍尔－15V	R/G	ON挡/OK挡/充电	－16～－9
BMC01-30～GND	整车低压地	B	始终	小于1
BMC01-31～GND	仪表充电指示灯信号	G	充电时	
BMC01-33～GND	直流充电正、负极接触器拉低控制信号	Gr		小于1
BMC01-34～GND	交流充电接触器控制信号	G/W	始终	小于1
BMC02-1～GND	12V DC电源正	R/B	电源ON挡/充电	11～14
BMC02-4～GND	直流充电感应信号	Y/R	充电时	
BMC02-6～GND	整车低压地	B	始终	
BMC02-7～GND	高压互锁输入信号	W	ON挡/OK挡/充电	PWM脉冲信号
BMC02-11～GND	直流温度传感器高	G/Y	ON挡/OK挡/充电	2.5～3.5
BMC02-13～GND	直流温度传感器低	R/W		
BMC02-14～GND	直流充电口CAN2-H	P		
BMC02-15～GND	整车CAN1-H	P	ON挡/OK挡/充电	1.5～2.5
BMC02-16～GND	整车CAN屏蔽地			
BMC02-18～GND	VTOG/车载感应信号	L/B	充电时	小于1
BMC02-20～GND	直流充电口CAN2-L	V	直流充电时	
BMC02-21～GND	直流充电口CAN屏蔽地		始终	小于1
BMC02-22～GND	整车CAN-H	V	ON挡/OK挡/充电	1.5～2.5
BMC02-25～GND	碰撞信号	Y/G	启动	约－15
BMC03-1～GND	采集器CAN-L	V	ON挡/OK挡/充电	1.5～2.5
BMC03-2～GND	采集器CAN屏蔽地		始终	小于1
BMC03-3～GND	1#分压接触器拉低控制信号	G/B		小于1
BMC03-4～GND	2#分压接触器拉低控制信号	Y/B		小于1
BMC03-7～GND	BIC供电电源正	R/L	ON挡/OK挡/充电	9～16
BMC03-8～GND	采集器CAN-H	P	ON挡/OK挡/充电	2.5～3.5
BMC03-10～GND	负极接触器拉低控制信号	L/B	接触器吸合时	小于1
BMC03-11～GND	正极接触器拉低控制信号	R/G	接触器吸合时	小于1
BMC03-14～GND	1#分压接触器12V电源	G/R	ON挡/OK挡/充电	9～16
BMC03-15～GND	2#分压接触器12V电源	L/R	ON挡/OK挡/充电	9～16
BMC03-20～GND	负极接触器12V电源	Y/W	ON挡/OK挡/充电	9～16
BMC03-21～GND	正极接触器12V电源	R/W	ON挡/OK挡/充电	9～16

测量完成后,将测量结果记录在实训记录单中。

6.5 解决故障(学员)

按照诊断流程进行操作,依据结果判断故障的具体位置(部件、端子或者线束)和类型(断路、短路、损坏等)。同时提出对该故障的解决办法,比如更换部件、线束。

6.6 进行复检(学员)

学员重复诊断流程的操作步骤,将获得的数据记录在实训记录单中,并进行对比。

此时,故障诊断设备读出的故障码作为历史故障,仍存在,需要进入 BYD→"电池管理器"→"清除故障",才可以清除历史故障。

6.7 再次确认(教师)

教师确认汽车故障是否消失,故障诊断设备不再读出故障。

实训 7 BYD E5直流充电

7.1 实训准备(教师)

使用750V的直流充电桩进行充电。
实训前保证:
(1) 汽车可以正常工作;
(2) 使用220V/8A充电设备可以正常充电。
设置故障前:
(1) 将E5汽车处于OFF断电状态;
(2) 打开E5汽车的充电盖;
(3) 将充电枪插入直流充电插座;
(4) 设置直流充电桩开启(在查找故障时关闭)。

7.2 设置故障(教师)

教师使用故障设置和诊断设备,进入"动力系统"→"直流充电"→"故障设置",可以在对应的线束和端子上设置故障。

故障设置完成后,由学员进行操作。多个故障可以同时设置,建议每个实训小组只设置一个故障,不同的实训小组可以设置不同的故障。

本项目可以设置的低压线束/端子断路故障的位置见表7-1。

表7-1 低压线束/端子断路故障的位置

故障编号	线束/端子描述	位 置	故障类型
DCC-1	直流充电正极接触器控制信号	B28(B)-30	线束断路
DCC-2	直流充电感应信号CC2	BJB01-2	线束断路
DCC-3	直流充电口温度传感器	BJB01-11	线束断路
DCC-4	直流充电子网CAN-L	BJB01-5	线束断路

7.3 发现故障(学员)

学员上车实际操作驾驶,发现故障,并将故障表现记录在实训记录单中。

7.4 故障分析和定位(学员)

根据故障的表现,结合理论知识,对故障进行初步分析。将初步分析结果记录在实训记录单中,并描述故障可能发生的原因。

首先确认两点:
(1) 直流充电桩已经被正确设置;
(2) 直流充电枪已经正常插入(机械锁锁上)。

如果以上两点都正常,则应该是以下部件或者线束出现问题:
(1) 直流充电接口;
(2) 高压配电箱;
(3) BMC;
(4) 低压线束。

目前在车辆上只能模拟设置低压线束的故障。

7.4.1 读取故障码和实时数据

使用诊断工具进入 BYD→"电池管理器 BMS"→"读取数据",可以读取 E5 直流充电和高压配电箱的实时数据,包括高压数据,见表 7-2。

表 7-2 直流充电、高压配电箱的数据

数据名称	含 义	备 注
SOC	剩余电量	0~100%
电池组当前总电压	动力电池输出(放电)/输入(充电)直流动力电压	正常情况约 650V
电池组当前总电流	动力电池输出(放电)/输入(充电)直流动力电流	充电时应为负
预充状态	电池到电机放电的预充过程是否完成	完成或者未完成都有可能
主接触器状态	高压配电箱的主接触器的吸合/断开状态	充电时应为断开
预充接触器状态	高压配电箱的预充接触器的吸合/断开状态	充电时应为断开
充电接触器状态	高压配电箱的直流或者交流充电接触器的吸合/断开状态	充电时应为吸合
正极接触器状态	动力电池包的正极接触器的吸合/断开状态	充电时应为吸合
负极接触器状态	动力电池包的负极接触器的吸合/断开状态	充电时应为吸合
分压接触器 1 状态	动力电池包的分压接触器 1 的吸合/断开状态	充电时应为吸合
分压接触器 2 状态	动力电池包的分压接触器 2 的吸合/断开状态	充电时应为吸合
充电是否允许	动力电池是否允许充电	充电时应为允许
直流充电感应信号	BMC 是否检测到直流充电枪插入	正常插入充电枪时应为是

使用诊断工具进入 BYD→"电机控制器"→"读取数据",实际读取的是高压电控总成内高压配电箱的高压数据,见表 7-3。

表 7-3 高压配电箱的高压数据

数据名称	含 义	备 注
直流充电目标输入电压	直流充电目标输入电压	正常情况约 650V
直流充电实际输入电压	直流充电实际输入电压	正常情况约 650V
直流充电实际输入电流	直流充电实际输入电流	<50A

7.4.2 使用工具进行电气测量

电气测量诊断流程图如图 7-1 所示。

1	检查直流充电口总成高低压线束

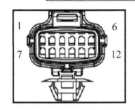

(1) 分别拔出直流充电口总成的高压接插件和低压接插件;
(2) 分别测试正负极电缆和低压线束是否导通;
(3) 用万用表检查低压接插件与充电口端值是否正常

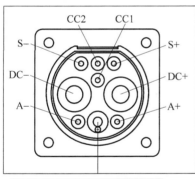

参考正常值

端子	线色	正常值/Ω
1—A-(低压辅助电源负)	B	<1
2—A+(低压辅助电源正)	R	<1
3—CC2(直流充电感应信号)	R	<1
4—S-(CAN-L)	B	<1
5—S+(CAN-H)	R	<1
CC1—车身地	W/B	1000±30

(1) 电源;
(2) 拔出电池管理器低压接插件BMC 02;
(3) 用万用表检查电池管理器接插件BMC02与充电口端子值

参考正常值

端子	线色	正常值/Ω
BMC02-04—CC2(直流充电感应信号)	R	<1
BMC02-14—S+(CAN-H)	R	<1
BMC02-20—S-(CAN-L)	B	<1
1—A-(低压辅助电源负)	B	<1
2—A+(低压辅助电源正)	R	<1

NG	更换线束

图 7-1 电气测量诊断流程图

OK		
3	检查高压电控总成	

断开充电枪；

(1) 电源置为OFF挡；
(2) 连接充电枪，准备充电；
(3) 用万用表检查电池管理器接插件BMC02与车身地值

	端子	线色	正常值
(4)	直流充电正负极接触器电源脚—车身地	W/R	11~14V
(5)	直流充电接触器控制脚—车身地	B	<1Ω

拔下电池管理器接插件，将直流充电正负极接触器控制脚与车身地短接，将吸合充电正负极接触器；
(6) 用万用表测量充电口DC+与DC-正常值约为650V

NG	检修高压电控总成

OK		
4	更换电池管理器	

OK		
5	诊断完毕	

图 7-1 （续）

7.5 解决故障(学员)

按照诊断流程进行操作，依据结果判断故障的具体位置（部件、端子或者线束）和类型（断路、短路、损坏等）。同时提出对该故障的解决办法，比如更换部件、线束。

7.6 进行复检(学员)

学员重复诊断流程的操作步骤，将获得的数据记录在实训记录单中，并进行对比。

此时，故障诊断设备读出的故障码作为历史故障，仍存在，需要清除故障，才可以清除历史故障。

7.7 再次确认(教师)

教师确认汽车故障是否消失，故障诊断设备不再读出故障。

实训 8　BYD E5交流充电

8.1　实训准备(教师)

使用 220V 8A/1.6W 交流充电设备进行交流充电,如果条件不允许,也可以采用 220V 16A 壁挂式充电盒(见图 8-1)。

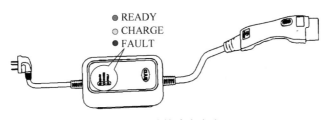

图 8-1　壁挂式充电盒

实训前保证：
（1）汽车可以正常工作；
（2）使用 220V/8A 充电设备可以正常充电。

设置故障前：
（1）将 E5 汽车处于 OFF 断电状态；
（2）打开 E5 汽车的充电盖；
（3）将充电枪插入交流充电插座；
（4）设置充电盒开启(在查找故障时关闭)。

8.2　设置故障(教师)

教师使用故障设置和诊断设备,进入"动力系统"→"交流充电"→故障设置,可以在对应的线束和端子上设置故障。

故障设置完成后,由学员进行操作。多个故障可以同时设置,建议每个实训小组只设置一个故障,不同的实训小组可以设置不同的故障。

本项目设置的低压线束/端子的断路故障位置见表 8-1。

表 8-1 低压线束/端子断路故障的位置

故障编号	线束/端子描述	位　　置	故障类型
ACC-1	交流充电器接触器控制信号	B28(B)-33	线束断路
ACC-2	交流充电感应信号 CP	BJB01-13	线束断路
ACC-3	交流充电感应信号 CC	BJB01-12	线束断路
ACC-4	交流充电口温度传感器高	BJB01-17	线束断路
ACC-5	车身控制器 BCM 输入的交流充电感应信号	GJB05-26	线束断路
ACC-6	电池管理器 BMS 输入的交流充电感应信号	B28(A)-19	线束断路
ACC-7	交流充电枪闭锁电源	GJB04-13	线束断路
ACC-8	交流充电枪开锁电源	GJB04-23	线束断路
ACC-9	交流充电枪开锁闭锁状态检测	GJB04-12	线束断路

8.3　发现故障(学员)

学员上车实际操作汽车充电,发现故障,并将故障表现记录在实训记录单中。

8.4　故障分析和定位(学员)

根据故障表现,结合理论知识,对故障进行初步分析。将初步分析结果记录在实训记录单中,并描述故障可能发生的原因。

首先确认两点:

(1) 交流充电桩已经被正确设置;

(2) 交流充电枪已经正常插入(机械锁锁上)。

如果以上两点都正常,则应该是以下部件或者线束出现问题:

(1) 交流充电接口;

(2) 高压电控总成(高压配电箱、车载充电器(OBC)、双向电机控制器/逆变器);

(3) BMC;

(4) 低压线束。

8.4.1　读取故障码和实时数据

E5 交流充电涉及的部件比较多,包括车载充电机、双向电机控制器(双向逆变器)、电池管理器,因此需要通过诊断仪读取这 3 个部件实时数据信息才能获得交流充电全面的工作数据信息。

表 8-2 所列为车载充电器的工作数据,从中可以读取 OBC 获得交流/直流转换的工作数据。使用诊断工具进入 BYD→OBC→"读取数据",可以读取 E5 OBC 的实时数据。

表 8-2　车载充电器的工作数据

数 据 名 称	含　义	备　注
交流侧输入电压	交流侧输入电压	正常情况下 220V 左右
高压侧输出电压	高压侧输出电压	正常情况约 650V
高压侧输出电流	高压侧输出电流	8A,16A
交流侧频率	交流侧单相电压频率	50Hz
PFC 桥温度	OBC 内部 PFC 桥温度	
DC 逆变桥温度	OBC 内部 DC 逆变桥温度	
PWM 波占空比	PWM 波占空比	
12V 输出电压	12V 输出电压	12~14V
本次累计充电量	本次累计充电量	充电时应为吸合
交流侧功率	交流侧功率	
工作状态	工作状态	正常
故障状态	故障状态	
PFC 输出状态	PFC 输出状态	
充电枪连接状态	充电枪连接状态	正常
应急充电是否允许	应急充电是否允许	
车载充电功率状态	车载充电功率状态	
交流外充设备故障状态	交流外充设备故障状态	
交流外充接地状态	交流外充接地状态	
交流互锁故障	交流互锁故障	
风扇状态	风扇状态	
接地状态	接地状态	

表 8-3 所列为电池管理器的工作数据，从中可以读取 BMC 获得电池状态以及高压配电箱的工作数据。使用诊断工具进入 BYD→BMC→"读取数据"，可以读取 E5 BMC 的实时数据。

表 8-3　电池管理器的工作数据

数 据 名 称	含　义	备　注
SOC	剩余电量	0~100%
电池组当前总电压	动力电池输出(放电)/输入(充电)直流动力电压	正常情况约 650V
电池组当前总电流	动力电池输出(放电)/输入(充电)直流动力电流	充电时应该为负
充电接触器状态	高压配电箱的直流或者交流充电接触器的吸合/断开状态	充电时应为吸合
正极接触器状态	动力电池包的正极接触器的吸合/断开状态	充电时应为吸合
负极接触器状态	动力电池包的负极接触器的吸合/断开状态	充电时应为吸合
分压接触器 1 状态	动力电池包的分压接触器 1 的吸合/断开状态	充电时应为吸合

续表

数据名称	含义	备注
分压接触器 2 状态	动力电池包的分压接触器 2 的吸合/断开状态	充电时应为吸合
充电是否允许	动力电池是否允许充电	充电时应为允许
交流充电感应信号	BMC 是双向电机控制器是否送入交流充电感应信号	正常插入充电枪时应该为有

表 8-4 所列为双向电机控制器的数据,从中可以获取交流充电口的连接状态。使用诊断工具进入 BYD→"电机控制器"→"读取数据",可以读取电机控制器的实时数据。

表 8-4 电机控制器的数据

数据名称	含义	备注
充放电系统工作状态	充放电系统工作状态	"初始化状态""充电准备状态""充电开始""充电结束""充电暂停""充电停止"
充电连接装置状态	充电连接装置状态	"未连接""连接正常"
交流充电继电器动作请求命令	来自 BMC 的对高压配电箱交流充电接触器动作请求命令	"无请求""请求断开"
充放电系统故障状态	充放电系统故障状态	
充电母线电压	充电母线电压	
充电直流侧电流	充电直流侧电流	
控制器充电功率比	控制器充电功率比	
电网交流频率	电网交流频率	50Hz
交流 A 相电压	交流 A 相电压	220V
交流 B 相电压	交流 B 相电压	单相充电时为 0
交流 C 相电压	交流 C 相电压	单相充电时为 0
电网交流 A 相电流	电网交流 A 相电流	
电网交流 B 相电流	电网交流 B 相电流	
电网交流 C 相电流	电网交流 C 相电流	
充电方式	充电方式	小功率充电应为 OBC,大功率时为 VTOG(电机控制器)
充电设备允许最大电流	充电设备允许最大电流	
直流侧充电电流目标值	直流侧充电电流目标值	
充电口电锁请求	充电口电锁请求	
OBC 充放电请求	OBC 充放电请求	
充电口温度	充电口温度	
充电口插拔次数	充电口插拔次数	
充电枪温度采样值	充电枪温度采样值	
充电枪温度采样值	充电枪温度采样值	
CC 采样值	交流充电口 CC 对 PE 的电阻值	680Ω 或者 200Ω

续表

数据名称	含义	备注
CP 占空比	交流充电口 CP 的 PWM 波形占空比	10%~20%为小功率充电
充电 S2 形状吸合标志	充电 S2 形状吸合标志	断开
发送 CP 标志位	发送 CP 标志位	发送

8.4.2 使用工具进行电气测量

电气测量诊断流程图如图 8-2 所示。

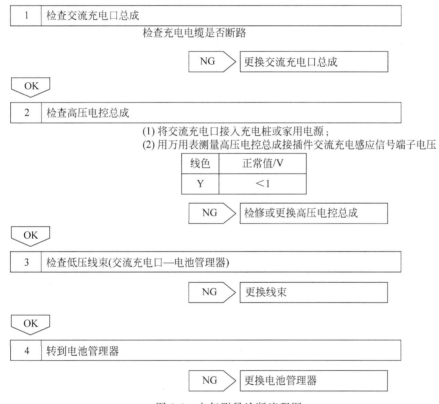

图 8-2 电气测量诊断流程图

8.5 解决故障(学员)

按照诊断流程进行操作,依据结果判断故障的具体位置(部件、端子或者线束)和类型(断路、短路、损坏等)。同时提出对该故障的解决办法,比如更换部件、线束。

8.6 进行复检(学员)

学员重复诊断流程的操作步骤,将获得的数据记录在实训记录单中,并进行对比。

此时,故障诊断设备读出的故障码作为历史故障,仍存在,需要清除故障,才可以清除历史故障。

8.7 再次确认(教师)

教师确认汽车故障是否消失,故障诊断设备不再读出故障。

实训 9　BYD E5高压安全保护

9.1　实训准备(教师)

在正常 E5 车上设置高压安全故障。实训前，保证汽车可以正常工作。设置故障前将 E5 汽车处于 OFF 断电状态。

9.2　设置故障(教师)

教师使用故障设置和诊断设备，进入 BYD→"高压安全"→"故障设置"，可以在对应的线束和端子上设置故障。

故障设置完成后，由学员进行操作。多个故障可以同时设置，建议每个实训小组只设置一个故障，不同的实训小组可以设置不同的故障。

本项目设置的低压线束/端子断路故障的位置见表 9-1。

表 9-1　低压线束/端子断路故障的位置

故障编号	线束/端子描述	位　　置	故　障　类　型
HVIL-1	PTC→高压电控总成的高压互锁线路	B52-2	线束断路
HVIL-2	PTC→BMC 的高压互锁线路	B52-1	线束断路
HVIL-3	高压电控总成→电池包的高压互锁线路	BJKx01-2	线束断路
HVIL-4	BMC→电池包的高压互锁线路	BJKx01-1	线束断路
HVIL-5	DC-DC/漏电传感器/高压配电箱 CAN-H	GJB04-19	线束断路
HVIL-6	一般漏电信号	B28(B)-20	线束断路

9.3　发现故障(学员)

学员上车实际操作驾驶，发现故障，并将故障表现记录在实训记录单中。

9.4 故障分析和定位(学员)

根据故障表现,结合理论知识,对故障进行初步分析。将初步分析结果记录在实训记录单中,并描述故障可能发生的原因。故障可能发生在:

(1) 部件;
(2) 低压线束。

9.4.1 读取故障码和实时数据

通过诊断仪可以读取高压互锁状态、漏电状态和主动泄放状态,分别在电池管理器、漏电传感器和主动泄放(BPCM)中读取。

(1) 电池管理器。使用诊断工具进入 BYD→BMS→"读取数据",可以读取 E5 BMC 的实时数据,见表9-2。

表 9-2 BMC 的实时数据

数据名称	含 义	备 注
正极接触器状态	动力电池包的正极接触器的吸合/断开状态	充电时应为吸合
负极接触器状态	动力电池包的负极接触器的吸合/断开状态	充电时应为吸合
分压接触器1状态	动力电池包的分压接触器1的吸合/断开状态	充电时应为吸合
分压接触器2状态	动力电池包的分压接触器2的吸合/断开状态	充电时应为吸合
主接触器状态	高压配电箱的主接触器的吸合/断开状态	正常上电后应为吸合
预充接触器状态	高压配电箱的预充接触器的吸合/断开状态	正常上电后先吸合,后断开
绝缘阻值	直流母线对车身绝缘电阻	正常情况下为 8000kΩ 左右
高压互锁1	BMC—高压电控总成—动力电池—PTC 的高压互锁环检测	正常为未锁止,异常为锁止
高压互锁2	预留	正常为未锁止
高压互锁3	预留	正常为未锁止
高压系统状态	高压系统状态	默认为正常
主动泄放是否允许	主动泄放是否允许	正常情况下为不允许

(2) 漏电传感器。表9-3 所列为漏电传感器绝缘值。使用诊断工具进入 BYD→"漏电传感器"→"读取数据",可以读取漏电传感器的绝缘值。

表 9-3 漏电传感器的绝缘值

数据名称	含 义	备 注
绝缘阻值	直流母线对车身绝缘电阻	正常情况下为 8000kΩ 左右

(3) 主动泄放。表9-4 所列为汽车主动泄放状态。使用诊断工具进入 BYD→"主动泄放"→"读取数据",可以读取主动泄放状态。

表 9-4 主动泄放状态

数据名称	含义	备注
主动泄放状态	高压电控总成内的主动泄放状态	正常情况下为未泄放

9.4.2 使用工具进行电气测量

电气测量诊断流程图如图 9-1 所示。

1	把车开进维修间

下一步

2	检查蓄电池电压及整车低压线束供电是否正常

> 标准电压值：12～14V。如果电压值低于12V，在进行下一步之前请充电或更换蓄电池或检查整车低压线束

下一步

3	对接好接插件，整车上ON挡电，进入电池管理器故障代码诊断

下一步

4	读取漏电传感器失效故障或者与漏电传感器通信故障

> (1) 拔下漏电传感器低压接插件。
> (2) 用万用表测量K56-04和K56-05引脚对地电压是否为±9～±16V。
> OK：电池管理器供电正常，漏电传感器故障，下一步；
> NG：转步骤(3)
> (3) 测试电池管理器K64-19和K64-10之间电压是否为±9～±16V。
> OK：线束故障，更换线束，下一步；
> NG：更换电池管理器，下一步

下一步

5	确认测试

下一步

6	结束

图 9-1 电气测量诊断流程图

9.5 解决故障(学员)

按照诊断流程进行操作，依据结果判断故障的具体位置(部件、端子或者线束)和类型(断路、短路、损坏等)。同时提出对该故障的解决办法，比如更换部件、线束。

9.6 进行复检(学员)

学员重复诊断流程的操作步骤,将获得的数据记录在实训记录单中,并进行对比。

此时,故障诊断设备读出的故障码作为历史故障,仍存在,需要进入 BYD→"电池管理器"→"清除故障",才可以清除历史故障。

9.7 再次确认(教师)

教师确认汽车故障是否消失,故障诊断设备不再读出故障。

实训 10　BYD E5电机控制系统

10.1　实训环境(教师)

实训前,保证汽车可以正常工作。设置故障前将 E5 汽车处于 OFF 断电状态。

10.2　设置故障(教师)

教师使用故障设置和诊断设备,进入"动力系统"→"电机控制器"→"故障设置",可以在对应的线束和端子上设置故障。

故障设置完成后,由学员进行操作。多个故障可以同时设置,建议每个实训小组只设置一个故障,不同的实训小组可以设置不同的故障。

本项目设置的低压线束/端子断路故障的位置见表 10-1。

表 10-1　低压线束/端子断路故障的位置

故障编号	线束/端子描述	位　　置	故障类型
DRV-1	电机控制器的动力网 CAN-L	GJB04-19	线束断路
DRV-2	挡位传感器 P 挡开关信号输入＋	G39-6	线束断路
DRV-3	挡位传感器动力网 CANH	G39-3	线束断路/短路
DRV-4	油门深度 1	BG44-1	线束断路
DRV-5	右前碰撞传感器	GJB01-1	线束断路
DRV-6	左前碰撞传感器	GJB01-4	线束断路
DRV-7	DC-BRAKE1 刹车深度 1	BG28(B)-1	线束断路
DRV-8	脚刹制动开关	G28-1	线束断路
DRV-9	电机输出/EXCOUT 励磁－	B28(A)-59	线束断路
DRV-10	电机输出 cos-余弦－	B28(A)-62	线束断路
DRV-11	电机输出 sin-正弦－	B28(A)-64	线束断路
DRV-12	电机温度检测信号＋	B28(A)-15	线束断路
DRV-13	ECO/SPO 模式切换	GJB05-13	线束断路
DRV-14	巡航信号输入	GJB04-12	线束断路

10.3 发现故障(学员)

学员上车实际操作驾驶,发现故障,并将故障表现记录在实训记录单中。

10.4 故障分析和定位(学员)

根据故障表现,结合理论知识,对故障进行初步分析。将初步分析结果记录在实训记录单中,并描述故障可能发生的原因。故障可能发生在:
(1) 部件;
(2) 低压线束。

10.4.1 读取故障码和实时数据

通过诊断仪可以读取电机控制器、挡位控制器的状态,可分别在电机控制器、挡位控制器(GCM)中读取。

(1) 电机控制器。表 10-2 所列为读取 BMC 获得的高压互锁状态以及接触器吸合/断开状态。使用诊断工具进入 BYD→BMC(电池管理器)→"读取数据",可以读取 E5 BMC 的实时数据。

表 10-2 高压互锁状态以及接触器吸合/断开状态

数据名称	含义	备注
电机开启状态	电机开启状态,OFF(关闭),ON(开启)	只有 ON 开启,且非 P 挡时电机才能正常开启
驻车形状状态	驻车形状状态:拉起、松开	P 挡驻车是否成功
实际挡位	实际挡位:D/R/N/P	实际的挡位,在组合仪表可以显示
工作模式	工作模式:ECO(经济),SPO(运动)	工作模式,在组合仪表可以显示
上电启动开始	上电启动开始状态	电机处于充电还是放电状态
READY 指示灯状态	READY 指示灯状态:亮起、无指示	ON 开关是否启动,在组合仪表上显示 OK
主接触器状态	主接触器状态:吸合(正常)或者断开	ON 开关启动后,应该为吸合(正常)状态
油门深度	油门深度:0~100%	
脚刹深度	脚刹深度:0~100%	
动力电机母线电压	动力电机母线电压	ON 开关启动,主接触器吸合后,应该是 650V 左右
动力电机转速	动力电机转速	
电机扭矩	电机扭矩	
电机功率	电机功率	
动力电机温度	动力电机温度	

续表

数据名称	含义	备注
IGBT温度	IGBT温度	
电感温度	电感温度	
油门采样值1	油门采样值1	
油门采样值2	油门采样值2	

（2）挡位控制器。表10-3所列为获取的挡位传感器物理挡位状态。使用诊断工具进入BYD→"挡位传感器"→"读取数据"，可以读取挡位传感器物理挡位状态。

表10-3 挡位传感器物理挡位状态

数据名称	含义	备注
物理挡位状态	D/N/R/P	正常情况下为固定值，因为挡位手柄操作后会归位

10.4.2 使用工具进行电气测量

电气测量诊断流程图如图10-1所示。

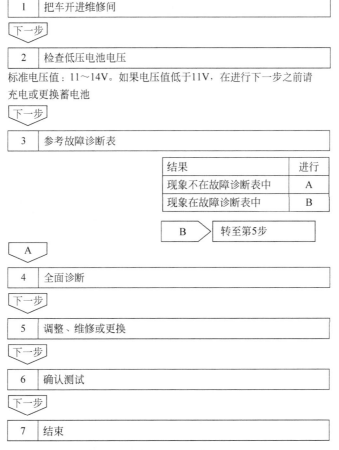

图10-1 电气测量诊断流程图

10.5　解决故障(学员)

按照诊断流程进行操作,依据结果判断故障的具体位置(部件、端子或者线束)和类型(断路、短路、损坏等)。同时提出对该故障的解决办法,比如更换部件、线束。

10.6　进行复检(学员)

学员重复诊断流程的操作步骤,将获得的数据记录在实训记录单中,并进行对比。

此时,故障诊断设备读出的故障码作为历史故障,仍存在,需要清除故障,才可以清除历史故障。

10.7　再次确认(教师)

教师确认汽车故障是否消失,故障诊断设备不再读出故障。

实训 11　BYD E5 DC-DC和低压电池

11.1　实训准备(教师)

实训前保证：
(1) 汽车正常可用，无动力故障；
(2) 无漏电等高压安全风险；
(3) 动力电池和低压电池电量充足。

11.2　设置故障(教师)

教师使用故障设置和诊断设备，进入"动力系统"→"DC-DC和低压电池"→"故障设置"，可以在对应的线束和端子上设置故障。

故障设置完成后，由学员进行操作。多个故障可以同时设置，建议每个实训小组只设置一个故障，不同的实训小组可以设置不同的故障。

11.3　发现故障(学员)

学员上车实际操作驾驶，发现故障，并将故障表现记录在实训记录单中。

11.4　故障分析和定位(学员)

根据故障表现，结合理论知识，对故障进行初步分析。将初步分析结果记录在实训记录单中，并描述故障可能发生的原因。

11.4.1 读取故障码

为了保证读出的故障为当前实时故障(见表11-1),需要清除一次故障后,再次读取。

使用诊断工具进入 BYD→LBMS→"读取故障",可以读取低压电池部分的当前和历史故障。

表 11-1 故障码(当前)

故 障 码	故 障 名 称
B1FB300	电源电压过高
B1FB400	电源电流过大
B1FB500	电源温度过高
B1FB900	智能充电故障(DC 故障)
B1FBA00	智能充电故障(电源挡位变化)
B1FBB00	智能充电故障(打开前舱盖)
B1FBC00	智能充电故障(OK 灯上电)
B1FBD00	智能充电故障(智能充电禁止)
B1FBE00	智能充电故障(低压铁电池内部故障)
U011100	BMC 与高压电池管理器失去通信
U011400	BMC 与 BCM 失去通信
U011000	与驱动电机失去通信

11.4.2 实时数据

(1) 使用诊断工具进入 BYD→DC-DC→"读取数据",可以读取 E5 DC-DC 的实时数据,见表 11-2。

表 11-2 DC-DC 的实时数据

数 据 名 称	备 注
DC 系统故障状态	正常
DC 工作模式	降压状态
高压侧电压	629V
高压侧电流	−50A
低压侧电压	13.9V
低压侧电流	−206A
MOS 管温度	55℃

(2) 使用诊断工具进入 BYD→LBMS→"读取数据",可以读取 E5 LBMS(低压电池)的实时数据,见表 11-3。

表 11-3 低压电池的实时数据

数 据 名 称	备 注
充电是否允许	充电是否允许:允许
放电是否允许	放电是否允许:允许
铁电池故障报警	铁电池故障报警:铁电池正常
SOC过低请求充电	SOC过低请求充电命令:正常
充放电状态	充放电状态:放电
总电压	总电压:13.7V(10～16V)
1号单体电压	1号单体电压:3.4V(0～25.5V)
2号单体电压	2号单体电压:3.4V(0～25.5V)
3号单体电压	3号单体电压:3.4V(0～25.5V)
4号单体电压	4号单体电压:3.4V(0～25.5V)
电流	电流:1A(-100～150A)
平均温度	平均温度:40℃(-60～160℃)
负铜柱温度	负铜柱温度:40℃(-60～160℃)
继电器温度	继电器温度:45℃(-60～160℃)

11.4.3 使用工具进行电气测量

电气测量的标准数据如图 11-1 所示。

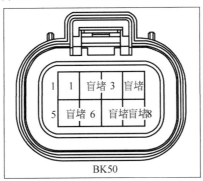

检查电池管理器(BMS):
(1) 拔下电池管理器BK50连接器;
(2) 测量线束端连接器各端子间电压或电阻

正常:

端子号	线色	端子描述	条件	正常值/V
BK50-1～车身地	P	CAN-H	始终	2.5～3.5
BK50-3～车身地	V	CAN-L	始终	1.5～2.5
BK50-6～车身地	G/W	低功耗唤醒机械开关	—	—

图 11-1 电气测量标准数据

11.5 解决故障(学员)

按照诊断流程进行操作,依据结果判断故障的具体位置(部件、端子或者线束)和类型(断路、短路、损坏等)。同时提出对该故障的解决办法,比如更换部件、线束。

11.6 进行复检(学员)

学员重复诊断流程的操作步骤,将获得的数据记录在实训记录单中,并进行对比。

此时,故障诊断设备读出的故障码作为历史故障,仍存在,需要清除故障,才可以清除历史故障。

11.7 再次确认(教师)

教师确认汽车故障是否消失,故障诊断设备不再读出故障。

实训 12　BYD E5汽车进入(智能钥匙)

12.1　实训准备(教师)

实训前保证：
（1）汽车正常可用，无动力故障；
（2）无漏电等高压安全风险；
（3）动力电池和低压电池电量充足。

12.2　设置故障(教师)

教师使用故障设置和诊断设备，进入"启动系统"→"汽车进入"→"故障设置"，可以在对应的线束和端子上设置故障。

故障设置完成后，由学员进行操作。多个故障可以同时设置，建议每个实训小组只设置一个故障，不同的实训小组可以设置不同的故障。

本项目设置的低压线束/端子断路故障的位置见表 12-1。

表 12-1　低压线束/端子断路故障的位置

故障编号	线束/端子描述	位　　置	故障类型
ENTRY-1	外部左前门检测天线	G25(A)-11	线束断路
ENTRY-2	外部右前门检测天线	G25(A)-17	线束断路
ENTRY-3	外部行李厢检测天线	G25(A)-19	线束断路
ENTRY-4	左前门微动开关	G25(B)-1	线束断路
ENTRY-5	右前门微动开关	G25(B)-2	线束断路
ENTRY-6	行李厢微动开关	G25(B)-3	线束断路
ENTRY-7	高频接收模块接收信号指示 RSSI	G25(B)-11	线束断路
ENTRY-8	高频接收模块 RFDA	GJK03-17	线束断路
ENTRY-9	智能钥匙 ECU CANH	G25(B)-12	线束断路

12.3　发现故障(学员)

学员上车实际操作驾驶，发现故障，并将故障表现记录在实训记录单中。

12.4 故障分析和定位(学员)

智能钥匙的诊断流程图如图 12-1 所示。

| 1 | 车辆送入维修车间 |

下一步

| 2 | 客户故障分析检查和症状检查 |

下一步

| 3 | 检查蓄电池电压 |

标准电压：11～14V。如果电压低于11V，在转至下一步前对蓄电池充电或更换蓄电池

下一步

| 4 | 检查DTC |

结果

结果	进行
未输出DTC	A
输出DTC	B

B ▷ 转至步骤7

A

| 5 | 故障症状表 |

结果

结果	进行
故障未列于故障症状表中	A
故障列于故障症状表中	B

B ▷ 转至步骤7

A

| 6 | 总体分析和故障排除 |

下一步

| 7 | 调整、维修或更换 |

下一步

| 8 | 确认测试 |

下一步

| 结束 |

图 12-1 智能钥匙的诊断流程图

12.4.1 读取故障码

表 12-2 所列数据为智能钥匙系统可能产生的故障。

表 12-2 智能钥匙系统可能产生的故障

故 障 码	故 障 名 称	故 障 范 围
B2270-00	智能钥匙系统控制器故障	I-key ECU
B2271-00	左前门把手探测天线回路故障	左前门把手探测天线、I-key ECU、线束或连接器
B2272-00	右前门把手探测天线回路故障	右前门把手探测天线、I-key ECU、线束或连接器
B2274-00	左前门把手微动开关常闭故障	左前门把手微动开关、I-key ECU、线束或连接器
B2275-00	右前门把手微动开关常闭故障	右前门把手微动开关、I-key ECU、线束或连接器
B2276-00	行李厢(后车探测)天线故障(预留)	车后探测天线、I-key ECU、线束或连接器
B2277-00	行李厢(后车探测)微动开关常闭故障(预留)	车后微动开关、I-key ECU、线束或连接器
B2278-00	读卡器(启动按钮)故障	启动按钮
B227C-00	车内前部探测天线回路故障	车内探测天线(前)、I-key ECU、线束或连接器
B227A-00	高频接收器模块故障	高频接收器
B227B-00	转向轴锁密码不匹配	转向轴锁
B227D-00	车内中部探测天线回路故障	车内探测天线(中)、I-key ECU、线束或连接器
B227E-00	车内后部探测天线回路故障	车内探测天线(后)、I-key ECU、线束或连接器
B227F-00	1号钥匙故障	1号钥匙
B2280-00	2号钥匙故障	2号钥匙

12.4.2 实时数据

表 12-3 所列数据为智能钥匙系统的实时数据。

表 12-3 智能钥匙系统的实时数据

数 据 名 称	含 义	备 注
序列号		15 12 23 06 01 0E
已匹配钥匙		两把
内部供电状况	多帧	电压正常
读卡器是否失去通信	多帧	通信正常
内部天线状态	多帧	通信正常
钥匙状态	多帧	未检测到钥匙
钥匙 ID	多帧	
钥匙序号	多帧	

12.4.3 使用工具进行电气测量

电气测量的标准数据如图 12-2 所示。

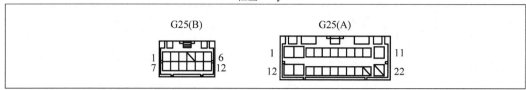

(1) 从 I-key ECU G25(A) 连接器后端引线;
(2) 测量连接器各端子间电阻或电压

端子号	线色	端子描述	条件	正常值
G25(A)-1～G25(A)-9	R～B	蓄电池正极	始终	11～14V
G25(A)-2～G25(A)-9	Br/B～B	启动按钮电源	—	—
G25(A)-3～G25(A)-8	Br/W～Sb	启动按钮无电模式数据输入	—	—
G25(A)-4～G25(A)-14	W～O	车内钥匙探测天线(中部)	—	—
G25(A)-5～G25(A)-15	Gr～G/Y	车内钥匙探测天线(后部)	—	—
G25(A)-6～G25(A)-17	V/W～L/Y	车内钥匙探测天线(右前门)	—	—
G25(A)-7～G25(A)-8	Br/Y～Sb	启动按钮无电池模式时钟输出	—	—
G25(A)-8～车身地	Sb	启动按钮信号地	始终	<1Ω
G25(A)-9～车身地	B	车身地	始终	<1Ω
G25(A)-10～车身地	B	车身地	始终	<1Ω
G25(A)-11～G25(A)-16	L/W～V/B	车外钥匙探测天线(左前门)	—	—
G25(A)-12～G25(A)-9	G～B	钥匙高频接收模块电源	—	—
G25(A)-13～G25(A)-18	Y～L	车内钥匙探测天线(前部)	—	—
G25(A)-19～G25(A)-20	Y/L～R	车后钥匙探测天线	—	—
G25(A)-21	—	空脚	—	—
G25(A)-22	—	空脚	—	—

(3) 从 I-key ECU G25(B) 连接器后端引线;
(4) 检查连接器各端子间电压或电阻

端子号	线色	端子描述	条件	正常值
G25(B)-1～G25(B)-8	G/W～R/G	车门把手开关(左前门)	按下左前门微动开关	<1Ω
G25(B)-2～G25(B)-9	R/W～G/R	车门把手开关(右前门)	按下右前门微动开关	<1Ω
G25(B)-3～G25(B)-10	R～Gr	车后微动开关	按下车后微动开关	<1Ω
G25(B)-4	—	空脚	—	—
G25(B)-5～G25(B)-7	G/L～Sb	高频数据信号	—	—
G25(B)-6～车身地	V	CAN-L	始终	约2.5V
G25(B)-12～车身地	P	CAN-H	始终	约2.5V
G25(B)-7～车身地	Sb	钥匙高频接收模块信号地	始终	<1Ω
G25(B)-11～G25(B)-7	L/W～Sb	高频信号监测	—	—

图 12-2 电气测量标准数据

测量完成后,将测量结果记录在实训记录单中。

12.5 解决故障(学员)

按照诊断流程进行操作,依据结果判断故障的具体位置(部件、端子或者线束)和类型(断路、短路、损坏等)。同时提出对该故障的解决办法,比如更换部件、线束。

12.6 进行复检(学员)

学员重复诊断流程的操作步骤,将获得的数据记录在实训记录单中,并进行对比。

此时,故障诊断设备读出的故障码作为历史故障,仍存在,需要进入BYD→"电池管理器"→"清除故障",才可以清除历史故障。

12.7 再次确认(教师)

教师确认汽车故障是否消失,故障诊断设备不再读出故障。

实训 13　BYD E5汽车启动(打火启动)

13.1　实训准备(教师)

实训前保证：
(1) 汽车正常可用,无动力故障;
(2) 无漏电等高压安全风险;
(3) 动力电池和低压电池电量充足。

13.2　设置故障(教师)

教师使用故障设置和诊断设备,进入"启动系统"→"汽车启动"→"故障设置",可以在对应的线束和端子上设置故障。

故障设置完成后,由学员进行操作。多个故障可以同时设置,建议每个实训小组只设置一个故障,不同的实训小组可以设置不同的故障。

本项目设置的低压线束/端子断路故障的位置见表 13-1。

表 13-1　低压线束/端子断路故障的位置

故障编号	线束/端子描述	位　　置	故障类型
START-1	启动按钮 START 状态输出	G16-2	线束断路
START-2	启动按钮 ACC/ON 状态输出	G16-7	线束断路
START-3	转向轴锁 ECL CANH	G17-3	线束断路
START-4	转向轴锁 ECL 解锁驱动	G17-2	线束断路
START-5	内部车前检测天线	G25(A)-13	线束断路
START-6	内部车中检测天线	G25(A)-14	线束断路
START-7	内部后部检测天线	G25(A)-15	线束断路
START-8	高频接收模块 RFDA	GJK03-17	线束断路
START-9	智能钥匙 ECU CANH	G25(B)-12	线束断路

13.3　发现故障(学员)

学员上车实际操作驾驶,发现故障,并将故障表现记录在实训记录单中。

13.4 故障分析和定位(学员)

ECL 的诊断流程图如图 13-1 所示。

| 1 | 车辆送入维修车间 |

下一步

| 2 | 客户故障分析检查和症状检查 |

下一步

| 3 | 检查蓄电池电压 |

标准电压：11~14V。如果电压低于11V，在转至下一步前对蓄电池充电或更换蓄电池

下一步

| 4 | 检查DTC |

结果

结果	进行
未输出DTC	A
输出DTC	B

| B | 转至步骤7 |

A

| 5 | 故障症状表 |

结果

结果	进行
故障未列于故障症状表中	A
故障列于故障症状表中	B

| B | 转至步骤7 |

A

| 6 | 总体分析和故障排除 |

下一步

| 7 | 调整、维修或更换 |

下一步

| 8 | 确认测试 |

下一步

结束

图 13-1 ECL 的诊断流程图

智能钥匙的诊断流程图如图 13-2 所示。

| 1 | 车辆送入维修车间 |

下一步

| 2 | 客户故障分析检查和症状检查 |

下一步

| 3 | 检查蓄电池电压 |

标准电压：11～14V。如果电压低于11V，在转至下一步前对蓄电池充电或更换蓄电池

下一步

| 4 | 检查DTC |

结果

结果	进行
未输出DTC	A
输出DTC	B

B ▷ 转至步骤7

A

| 5 | 故障症状表 |

结果

结果	进行
故障未列于故障症状表中	A
故障列于故障症状表中	B

B ▷ 转至步骤7

A

| 6 | 总体分析和故障排除 |

下一步

| 7 | 调整、维修或更换 |

下一步

| 8 | 确认测试 |

下一步

| 结束 |

图 13-2　智能钥匙的诊断流程图

13.4.1 读取故障码

表 13-2 所列数据为智能钥匙系统可能产生的故障。

表 13-2 智能钥匙系统可能产生的故障

故障码	故障名称	故障范围
B2270-00	智能钥匙系统控制器故障	I-key ECU
B2271-00	左前门把手探测天线回路故障	左前门把手探测天线、I-key ECU、线束或连接器
B2272-00	右前门把手探测天线回路故障	右前门把手探测天线、I-key ECU、线束或连接器
B2274-00	左前门把手微动开关常闭故障	左前门把手微动开关、I-key ECU、线束或连接器
B2275-00	右前门把手微动开关常闭故障	右前门把手微动开关、I-key ECU、线束或连接器
B2276-00	行李厢(后车探测)天线故障(预留)	车后探测天线、I-key ECU、线束或连接器
B2277-00	行李厢(后车探测)微动开关常闭故障(预留)	车后微动开关、I-key ECU、线束或连接器
B2278-00	读卡器(启动按钮)故障	启动按钮
B227C-00	车内前部探测天线回路故障	车内探测天线(前)、I-key ECU、线束或连接器
B227A-00	高频接收器模块故障	高频接收器
B227B-00	转向轴锁密码不匹配	转向轴锁
B227D-00	车内中部探测天线回路故障	车内探测天线(中)、I-key ECU、线束或连接器
B227E-00	车内后部探测天线回路故障	车内探测天线(后)、I-key ECU、线束或连接器
B227F-00	1号钥匙故障	1号钥匙
B2280-00	2号钥匙故障	2号钥匙

13.4.2 智能钥匙实时数据

表 13-3 所列数据为智能钥匙的实时数据。

表 13-3 智能钥匙实时数据

数据名称	含义	备注
序列号		15 12 23 06 01 0E
已匹配钥匙		两把
内部供电状况	多帧	电压正常
读卡器是否失去通信	多帧	通信正常
内部天线状态	多帧	通信正常
钥匙状态	多帧	未检测到钥匙
钥匙 ID	多帧	
钥匙序号	多帧	

13.4.3 使用工具进行电气测量

电气测量的标准数据如图 13-3 所示。

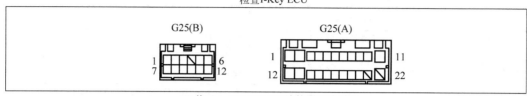

(1) 从 I-key ECU G25(A) 连接器后端引线；
(2) 测量连接器各端子间电阻或电压

端子号	线色	端子描述	条件	正常值
G25(A)-1～G25(A)-9	R～B	蓄电池正极	始终	11～14V
G25(A)-2～G25(A)-9	Br/B～B	启动按钮电源	—	—
G25(A)-3～G25(A)-8	Br/W～Sb	启动按钮无电模式数据输入	—	—
G25(A)-4～G25(A)-14	W～O	车内钥匙探测天线(中部)	—	—
G25(A)-5～G25(A)-15	Gr～G/Y	车内钥匙探测天线(后部)	—	—
G25(A)-6～G25(A)-17	V/W～L/Y	车内钥匙探测天线(右前门)	—	—
G25(A)-7～G25(A)-8	Br/Y～Sb	启动按钮无电池模式时钟输出	—	—
G25(A)-8～车身地	Sb	启动按钮信号地	始终	<1Ω
G25(A)-9～车身地	B	车身地	始终	<1Ω
G25(A)-10～车身地	B	车身地	始终	<1Ω
G25(A)-11～G25(A)-16	L/W～V/B	车外钥匙探测天线(左前门)	—	—
G25(A)-12～G25(A)-9	G～B	钥匙高频接收模块电源	—	—
G25(A)-13～G25(A)-18	Y～L	车内钥匙探测天线(前部)	—	—
G25(A)-19～G25(A)-20	Y/L～R	车后钥匙探测天线	—	—
G25(A)-21	—	空脚	—	—
G25(A)-22	—	空脚	—	—

(3) 从 I-key ECU G25(B) 连接器后端引线；
(4) 检查连接器各端子间电压或电阻

端子号	线色	端子描述	条件	正常值
G25(B)-1～G25(B)-8	G/W～R/G	车门把手开关(左前门)	按下左前门微动开关	<1Ω
G25(B)-2～G25(B)-9	R/W～G/R	车门把手开关(右前门)	按下右前门微动开关	<1Ω
G25(B)-3～G25(B)-10	R～Gr	车后微动开关	按下车后微动开关	<1Ω
G25(B)-4	—	空脚	—	—
G25(B)-5～G25(B)-7	G/L～Sb	高频数据信号	—	—
G25(B)-6～车身地	V	CAN-L	始终	约2.5V
G25(B)-12～车身地	P	CAN-H	始终	约2.5V
G25(B)-7～车身地	Sb	钥匙高频接收模块信号地	始终	<1Ω
G25(B)-11～G25(B)-7	L/W～Sb	高频信号监测	—	—

图 13-3　电气测量标准数据

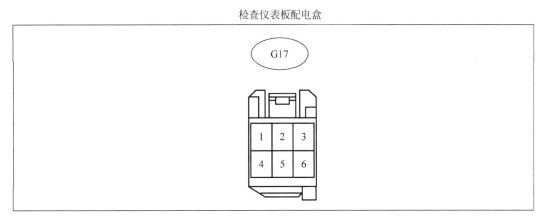

(1) 断开G17连接器；
(2) 测量线束端连接器各端子间电压或电阻

端子号	线色	端子描述	条件	正常值/V
G17-1～车身地	B	接地	始终	<1
G17-2～车身地	Y	电源	OFF挡携带钥匙，按启动按钮瞬间	11～14
G17-3～车身地	P	B~CAN-H	始终	约2.5
G17-5～车身地	Y/R	ACC信号电	ACC电	11～14
G17-6～车身地	V	B~CAN-L	始终	约2.5

图 13-3 （续）

测量完成后，将测量结果记录在实训记录单中。

13.5 解决故障(学员)

按照诊断流程进行操作，依据结果判断故障的具体位置(部件、端子或者线束)和类型(断路、短路、损坏等)。同时提出对该故障的解决办法，比如更换部件、线束。

13.6 进行复检(学员)

学员重复诊断流程的操作步骤，将获得的数据记录在实训记录单中，并进行对比。
此时，故障诊断设备读出的故障码作为历史故障，仍存在，需要清除故障，才可以清除历史故障。

13.7 再次确认(教师)

教师确认汽车故障是否消失，故障诊断设备不再读出故障。

实训 14　BYD E5汽车空调和PTC

14.1　实训准备(教师)

实训前保证：
(1) 汽车正常可用，无动力故障；
(2) 无漏电等高压安全风险；
(3) 动力电池和低压电池电量充足。

14.2　设置故障(教师)

教师使用故障设置和诊断设备，进入"车身系统"→"空调控制器"→"故障设置"，可以在对应的线束和端子上设置故障。

故障设置完成后，由学员进行操作。多个故障可以同时设置，建议每个实训小组只设置一个故障，不同的实训小组可以设置不同的故障。

本项目设置的低压线束/端子断路故障的位置见表 14-1。

表 14-1　低压线束/端子断路故障的位置

故障编号	线束/端子描述	位　　置	故障类型
AC/PTC-1	电动压缩机水管压力温度传感器——压力信号	GJB05-6	线束断路
AC/PTC-2	电动压缩机水管压力温度传感器——温度信号	GJB05-17	线束断路
AC/PTC-3	电子膨胀阀控制 B 端	GJB05-19	线束断路
AC/PTC-4	AC 鼓风机继电器开关	G21(A)-14	线束断路
AC/PTC-5	空调子网 CAN-H	G21(C)-4	线束断路
AC/PTC-6	空调面板 CAN-H	G47-2	线束断路

14.3　发现故障(学员)

学员上车实际操作驾驶，发现故障，并将故障表现记录在实训记录单中。

14.4 故障分析和定位(学员)

根据故障的表现,结合理论知识,对故障进行初步分析。将初步分析结果记录在实训记录单中,并描述故障可能发生的原因。

空调系统的诊断流程图如图 14-1 所示。

| 1 | 车辆送入维修车间 |

下一步

| 2 | 客户故障分析检查和症状检查 |

下一步

| 3 | 检查蓄电池电压 |

标准电压:11~14V。如果电压低于11V,在转至下一步前对蓄电池充电或更换蓄电池

下一步

| 4 | 检查DTC |

结果

结果	进行
未输出DTC	A
输出DTC	B

A

B 转至步骤8

| 5 | 故障症状表 |

结果

结果	进行
故障未列于故障症状表中	A
故障列于故障症状表中	B

B 转至步骤8

A

| 6 | 总体分析和故障排除 |

下一步

| 7 | 调整、维修或更换 |

下一步

| 8 | 确认测试 |

下一步

| 结束 |

图 14-1 空调系统诊断流程图

14.4.1 读取故障码

表 14-2 所列数据为空调系统可能产生的所有的故障码及内容。

表 14-2 空调系统可能产生的所有的故障码及内容

故障码		故障内容
DTC	(B2A2013)	室内温度传感器断路
DTC	(B2A2111)	室内温度传感器短路
DTC	(B2A2213)	室外温度传感器断路
DTC	(B2A2311)	室外温度传感器短路
DTC	(B2A2413)	蒸发器温度传感器断路
DTC	(B2A2511)	蒸发器温度传感器短路
DTC	(B2A2A14)	模式电机对地短路或开路
DTC	(B2A2A12)	模式电机对电源短路
DTC	(B2A2A92)	模式电机转不到位
DTC	(B2A2712)	阳光传感器对电源短路
DTC	(B2A5813)	主驾驶吹面通道传感器断路
DTC	(B2A5811)	主驾驶吹面通道传感器短路
DTC	(B2A5913)	主驾驶吹脚通道传感器断路
DTC	(B2A5911)	主驾驶吹脚通道传感器短路
DTC	(B2A2B14)	冷暖电机对地短路或开路
DTC	(B2A2B12)	冷暖电机对电源短路
DTC	(B2A2B92)	冷暖电机转不到位
DTC	(B2A3214)	鼓风机对地短路或开路
DTC	(B2A5113)	低压管路的压力传感器断路
DTC	(B2A5111)	低压管路的压力传感器对地短路
DTC	(B2A4E13)	高压管路的压力传感器断路
DTC	(B2A4F11)	高压管路的压力传感器对地短路
DTC	(B2A2F09)	空调管路处于高压状态或低压状态

14.4.2 实时数据

空调系统控制器的实时数据如图 14-2 所示。

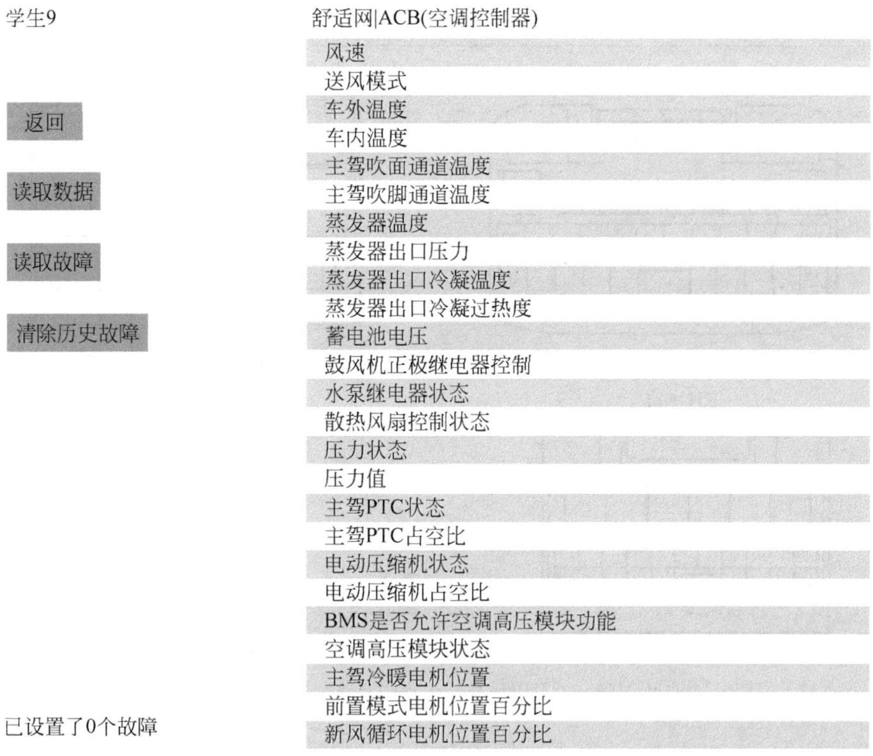

实训14　BYD E5汽车空调和PTC

学生9　　　　　　　　　舒适网|ACB(空调控制器)
　　　　　　　　　　　　风速
　　　　　　　　　　　　送风模式
返回　　　　　　　　　　车外温度
　　　　　　　　　　　　车内温度
读取数据　　　　　　　　主驾吹面通道温度
　　　　　　　　　　　　主驾吹脚通道温度
读取故障　　　　　　　　蒸发器温度
　　　　　　　　　　　　蒸发器出口压力
　　　　　　　　　　　　蒸发器出口冷凝温度
清除历史故障　　　　　　蒸发器出口冷凝过热度
　　　　　　　　　　　　蓄电池电压
　　　　　　　　　　　　鼓风机正极继电器控制
　　　　　　　　　　　　水泵继电器状态
　　　　　　　　　　　　散热风扇控制状态
　　　　　　　　　　　　压力状态
　　　　　　　　　　　　压力值
　　　　　　　　　　　　主驾PTC状态
　　　　　　　　　　　　主驾PTC占空比
　　　　　　　　　　　　电动压缩机状态
　　　　　　　　　　　　电动压缩机占空比
　　　　　　　　　　　　BMS是否允许空调高压模块功能
　　　　　　　　　　　　空调高压模块状态
　　　　　　　　　　　　主驾冷暖电机位置
　　　　　　　　　　　　前置模式电机位置百分比
已设置了0个故障　　　　 新风循环电机位置百分比

(a)

学生9　　　　　　　　　舒适网|ACC(空调压缩机控制器)
　　　　　　　　　　　　压缩机控制状态
　　　　　　　　　　　　压缩机实际状态
返回　　　　　　　　　　压缩机目标转速
　　　　　　　　　　　　压缩机实际转速
读取数据　　　　　　　　负载电压
　　　　　　　　　　　　负载电流
读取故障　　　　　　　　压缩机当前功率
　　　　　　　　　　　　IPM/IGBT温度
　　　　　　　　　　　　压缩机壳体温度
清除历史故障　　　　　　本次上电压缩机故障启次数

已设置了0个故障

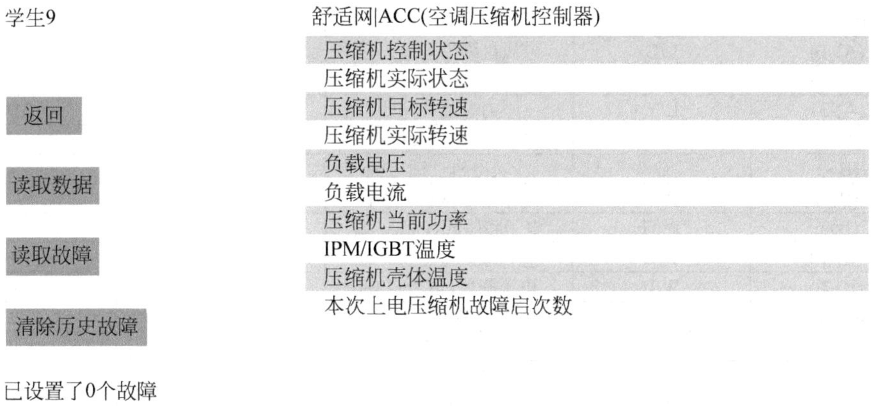

(b)

图 14-2　空调系统控制器的实时数据
(a) 空调控制器的实时数据；(b) 空调压缩机控制器的实时数据

14.4.3　使用工具进行电气测量

电气测量的标准数据如图 14-3 所示。

检查空调控制模块

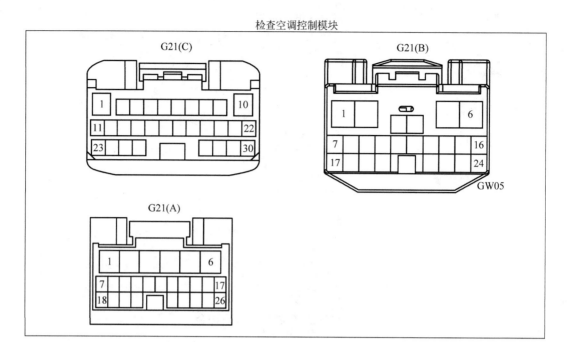

(1) 从空调控制模块G21(A)、G21(B)、G21(C)连接器后端引线；
(2) 检查连接器各端子

端子号	线色	端子描述	条件	正常值
G21(A)-3	R/B	IG1电	始终	11~14V
G21(A)-4	P	空调水泵继电器	开空调	电压信号
G21(A)-14	L/B	鼓风机继电器输出端	开空调	电压信号
G21(A)-18	B	接地	始终	—
G21(A)-21	L/Y	压力温度传感器	压缩机开启状态	<1V
G21(A)-22	R/Y	模式风门电机反馈电压		5V
G21(B)-1	G	冷暖电机反馈电源	开空调	5V
G21(B)-4	P/B	电子膨胀阀控制A端		
G21(B)-6	W/G	电子膨胀阀控制A′端		
G21(B)-12	W/B	电子膨胀阀控制B′端		
G21(B)-16	W/L	电子膨胀阀控制B端	—	—
G21(C)-2	P	CAN-H	—	—
G21(C)-3	V	CAN-L	—	—
G21(C)-5	W/R	压力温度传感器压力信号		
G21(C)-7	B/Y	室外温度传感器		
G21(C)-8	R/L	主驾驶吹脚通道传感器	—	—
G21(C)-9	G/B	室内温度传感器		
G21(C)-10	Br	前蒸发器温度传感器	—	—
G21(C)-15	R/B	压力温度传感器温度信号		
G21(C)-18	R	小灯照明电源负输入端	始终	<1Ω
G47-1	V	CAN-L		
G47-2	P	CAN-H		
G47-13	B	接地	—	—
G47-21	R/B	背光+	开鼓风机	电压信号
G47-22	RL	背光-	开空调	电压信号
G47-33	B/W	接地	—	—
G47-40	R/B	IG1电	始终	11~14V

图 14-3 电气测量的标准数据

14.5　解决故障(学员)

按照诊断流程进行操作,依据结果判断故障的具体位置(部件、端子或者线束)和类型(断路、短路、损坏等)。同时提出对该故障的解决办法,比如更换部件、线束。

14.6　进行复检(学员)

学员重复诊断流程的操作步骤,将获得的数据记录在实训记录单中,并进行对比。

此时,故障诊断设备读出的故障码作为历史故障,仍存在,需要清除故障,才可以清除历史故障。

14.7　再次确认(教师)

教师确认汽车故障是否消失,故障诊断设备不再读出故障。

实训 15　BYD E5汽车门窗控制

15.1　实训准备(教师)

实训前保证：
(1) 汽车正常可用,无动力故障；
(2) 无漏电等高压安全风险；
(3) 动力电池和低压电池电量充足。

15.2　设置故障(教师)

教师使用故障设置和诊断设备,进入 BYD→"车门多路控制器"→"故障设置",可以在对应的线束和端子上设置故障。

故障设置完成后,由学员进行操作。多个故障可以同时设置,建议每个实训小组只设置一个故障,不同的实训小组可以设置不同的故障。

本项目设置的低压线束/端子断路故障的位置见表 15-1。

表 15-1　低压线束/端子断路故障的位置

故障编号	线束/端子描述	位置	故障类型
WIN/DOOR-1	驾驶座右前玻璃开关(Down)	GJT02-8	线束断路
WIN/DOOR-2	驾驶座右前玻璃开关(Up)	GJT02-9	线束断路
WIN/DOOR-3	驾驶座右后玻璃开关(Down)	GJT02-17	线束断路
WIN/DOOR-4	驾驶座右后玻璃开关(Up)	GJT02-18	线束断路
WIN/DOOR-5	驾驶座左后玻璃开关(Down)	GJT02-19	线束断路
WIN/DOOR-6	驾驶座左后玻璃开关(Up)	GJT02-20	线束断路
WIN/DOOR-7	车窗控制器(DMCU)CAN-H	GJT02-22	线束断路
WIN/DOOR-8	右前、右后、左后玻璃电机继电器	GJT01-3	线束断路
WIN/DOOR-9	左前门机械钥匙开关指示	T05-4	线束断路
WIN/DOOR-10	行李厢锁电机开关信号采集	GJK01-5	线束断路
WIN/DOOR-11	副驾驶门锁总开关(解锁)	GJU02-6	线束断路
WIN/DOOR-12	副驾驶门锁总开关(闭锁)	GJU02-14	线束断路

15.3 发现故障(学员)

学员上车实际操作驾驶,发现故障,并将故障表现记录在实训记录单中。

15.4 故障分析和定位(学员)

根据故障表现,结合理论知识,对故障进行初步分析。将初步分析结果记录在实训记录单中,并描述故障可能发生的原因。

汽车门窗控制系统诊断流程图如图 15-1 所示。

| 1 | 车辆送入维修车间 |

下一步

| 2 | 客户故障分析检查和症状检查 |

下一步

| 3 | 检查蓄电池电压 |

标准电压:11~14V。如果电压低于11V,在转至下一步前对蓄电池充电或更换蓄电池

下一步

| 4 | 检查DTC |

结果

结果	进行
未输出DTC	A
输出DTC	B

B 转至步骤7

A

| 5 | 故障症状表 |

结果

结果	进行
故障未列于故障症状表中	A
故障列于故障症状表中	B

B 转至步骤7

A

| 6 | 总体分析和故障排除 |

下一步

| 7 | 调整、维修或更换 |

图 15-1 汽车门窗控制系统诊断流程图

15.4.1 实时数据

汽车门窗控制系统实时数据如图 15-2 所示。

学生9	舒适网|DMCU(车门多路控制器)
返回	左前车窗当前动作状态
	左前车窗位置
	左前车窗位置状态
读取数据	左前车窗自动上升开关信号
	左前车窗自动下降开关信号
读取故障	左前车窗手动上升开关信号
	左前车窗手动下降开关信号
清除历史故障	左前车窗玻璃位置百分比
已设置了0个故障	

(a)

学生9	启动网|BCM(车身控制器)
	左前门灯开关检测
	右前门灯开关检测
返回	左后门灯开关检测
	右后门灯开关检测
	行李厢开关检测
读取数据	左前门锁状态
	左后门锁状态
读取故障	右前门锁状态
	右后门锁状态
	行李厢开关状态
清除历史故障	发动机前舱盖状态
	安全带未系信号检测
	12V制动信号状态
	0V制动开关信号状态
	启动按钮1脚状态
	启动按钮4脚状态
	左前门中控锁闭锁开关状态
	左前门中控锁解锁开关状态
	右前门中控锁闭锁开关状态
	右前门中控锁解锁开关状态
	硬件碰撞信号状态
	IG1电状态
	ACC电状态
已设置了0个故障	外后视镜折叠开关状态
	行李厢安全系统开启状态

(b)

学生9	舒适网|CS(组合开关)
	小灯开关
	近光灯开关
返回	远光灯开关
	左转向灯开关
	右转向灯开关
读取数据	前雾灯开关
	后雾灯开关
读取故障	前刮水器MIST开关
	前刮水器HI挡开关
	前刮水器LO挡开关
清除历史故障	前刮水器INT挡开关
	前刮水器AUTO挡开关
	前洗涤器开关
	回家照明功能时间
	离家照明功能时间
已设置了0个故障	

(c)

图 15-2 汽车门窗控制系统实时数据

(a)车门多路控制器实时数据；(b)车身控制器实时数据；(c)组合开关的实时数据

15.4.2 使用工具进行电气测量

电气测量的标准数据如图 15-3 所示。

检查左前车窗开关
(1) 拔下左前车窗开关T05连接器；
(2) 测量线束端连接器各端子间电压或电阻

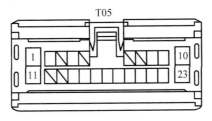
T05

正常：

端子号	线色	端子描述	条件	正常值/V
T05-14～车身地	Y	ON挡电	电源ON挡电	11～14
T05-19～车身地	W/R	常电	始终	11～14
T05-8～车身地	W/G	电动车窗继电器	始终	11～14
T05-9～车身地	B	地	始终	<1
T05-10～车身地	W/B	搭铁	始终	<1

提示：如果测试结果与所给正常值不符，则可能相应的线束有故障
(3) 接插件T05，从后端引线测量板端端子电压

正常：

端子号	线色	端子描述	条件	正常值/V
T05-11～车身地	R/B	左前门玻璃升电源	电源ON挡电，左前门开关向上拉起	11～14
T05-23～车身地	R/Y	左前门玻璃降电源	电源ON挡电，左前门开关向下按	11～14
T05-2～车身地	L/W	右前门玻璃降电源	—	—
T05-16～车身地	L/R	右前门玻璃升电源	—	—
T05-15～车身地	Br	左后门玻璃降电源	—	—
T05-21～车身地	Br/W	左后门玻璃升电源	—	—
T05-20～车身地	Br/Y	右后门玻璃降电源	—	—
T05-22～车身地	L/O	右后门玻璃升电源	—	—
T05-17～车身地	V	CAN-L	始终	1.5V～2.5
T05-18～车身地	P	CAN-H	始终	2.5V～3.5
T05-4～车身地	W	左前门锁未锁信号	左前门锁未锁	<1

提示：如果测试结果与所给正常值不符，则可能开关故障

图 15-3 电气测量的标准数据

测量完成后，将测量结果记录在实训记录单中。

15.5　解决故障(学员)

按照诊断流程进行操作,依据结果判断故障的具体位置(部件、端子或者线束)和类型(断路、短路、损坏等)。同时提出对该故障的解决办法,比如更换部件、线束。

15.6　进行复检(学员)

学员重复诊断流程的操作步骤,将获得的数据记录在实训记录单中,并进行对比。

此时,故障诊断设备读出的故障码作为历史故障,仍存在,需要进入 BYD→DMCU→"清除故障",才可以清除历史故障。

15.7　再次确认(教师)

教师确认汽车故障是否消失,故障诊断设备不再读出故障。

实训 16 BYD E5汽车灯光系统

16.1 实训准备(教师)

实训前保证：
(1) 汽车正常可用,无动力故障；
(2) 无漏电等高压安全风险；
(3) 动力电池和低压电池电量充足。

16.2 设置故障(教师)

教师使用故障设置和诊断设备,进入"车身系统"→"灯光雨刮系统"→"故障设置",可以在对应的线束和端子上设置故障。

故障设置完成后,由学员进行操作。多个故障可以同时设置,建议每个实训小组只设置一个故障,不同的实训小组可以设置不同的故障。

本项目设置的低压线束/端子断路故障的位置见表 16-1。

表 16-1 低压线束/端子断路故障的位置

故障编号	线束/端子描述	位置	故障类型
LAMP-1	喇叭控制	GJB03-6	线束断路
LAMP-2	雨刮控制	GJB04-15	线束断路
LAMP-3	组合开关的近光灯控制	GJB04-16	线束断路
LAMP-4	仪表左转向灯指示	G01-33	线束断路
LAMP-5	仪表右转向灯指示	G01-22	线束断路
LAMP-6	组合开关 CANH	G02-1	线束断路

16.3 发现故障(学员)

学员上车实际操作驾驶,发现故障,并将故障表现记录在实训记录单中。

16.4 故障分析和定位(学员)

根据故障表现,结合理论知识和故障诊断流程图(见图 16-1),对故障进行初步分析。将初步分析结果记录在实训记录单中,并描述故障可能发生的原因。

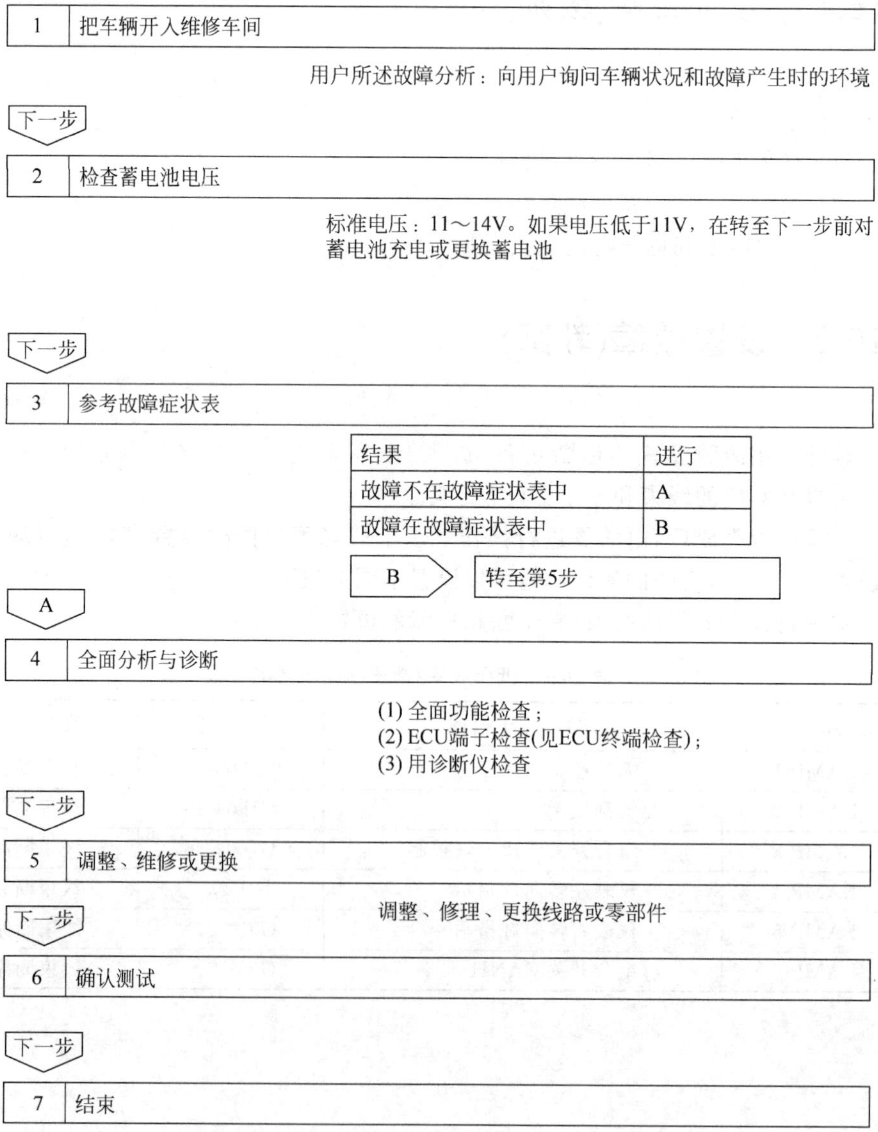

| 1 | 把车辆开入维修车间 |

用户所述故障分析:向用户询问车辆状况和故障产生时的环境

下一步

| 2 | 检查蓄电池电压 |

标准电压:11~14V。如果电压低于11V,在转至下一步前对蓄电池充电或更换蓄电池

下一步

| 3 | 参考故障症状表 |

结果	进行
故障不在故障症状表中	A
故障在故障症状表中	B

B 转至第5步

A

| 4 | 全面分析与诊断 |

(1) 全面功能检查;
(2) ECU端子检查(见ECU终端检查);
(3) 用诊断仪检查

下一步

| 5 | 调整、维修或更换 |

调整、修理、更换线路或零部件

下一步

| 6 | 确认测试 |

下一步

| 7 | 结束 |

图 16-1 汽车灯光系统诊断流程图

16.4.1 实时数据

汽车灯光系统的实时数据如图 16-2 所示。

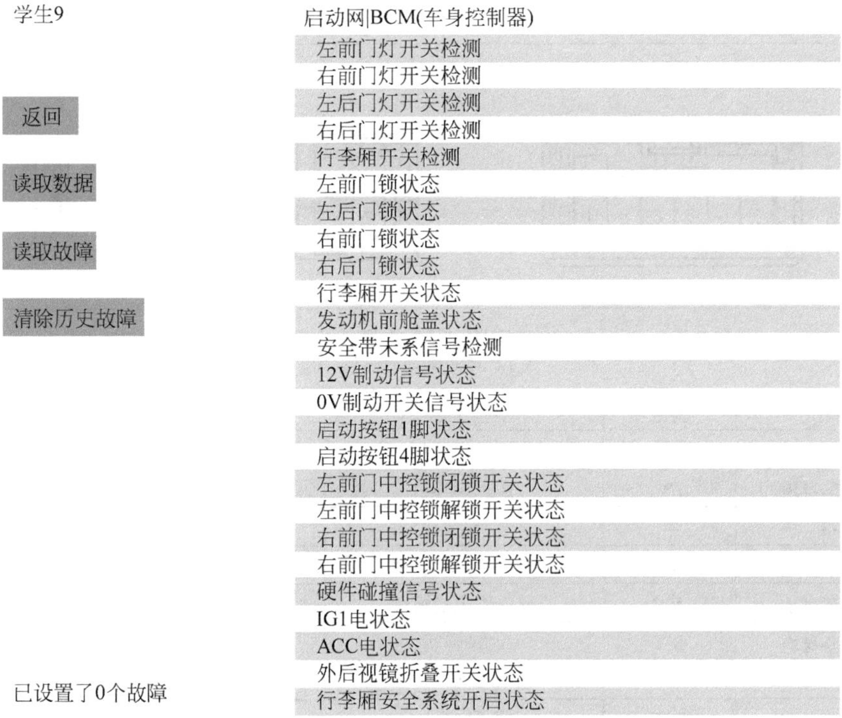

学生9　　　　　　　　　启动网|BCM(车身控制器)
　　　　　　　　　　　　左前门灯开关检测
　　　　　　　　　　　　右前门灯开关检测
返回　　　　　　　　　　左后门灯开关检测
　　　　　　　　　　　　右后门灯开关检测
　　　　　　　　　　　　行李厢开关检测
读取数据　　　　　　　　左前门锁状态
　　　　　　　　　　　　左后门锁状态
读取故障　　　　　　　　右前门锁状态
　　　　　　　　　　　　右后门锁状态
清除历史故障　　　　　　行李厢开关状态
　　　　　　　　　　　　发动机前舱盖状态
　　　　　　　　　　　　安全带未系信号检测
　　　　　　　　　　　　12V制动信号状态
　　　　　　　　　　　　0V制动开关信号状态
　　　　　　　　　　　　启动按钮1脚状态
　　　　　　　　　　　　启动按钮4脚状态
　　　　　　　　　　　　左前门中控锁闭锁开关状态
　　　　　　　　　　　　左前门中控锁解锁开关状态
　　　　　　　　　　　　右前门中控锁闭锁开关状态
　　　　　　　　　　　　右前门中控锁解锁开关状态
　　　　　　　　　　　　硬件碰撞信号状态
　　　　　　　　　　　　IG1电状态
　　　　　　　　　　　　ACC电状态
　　　　　　　　　　　　外后视镜折叠开关状态
已设置了0个故障　　　　 行李厢安全系统开启状态

(a)

学生9　　　　　　　　　舒适网|CS(组合开关)
　　　　　　　　　　　　小灯开关
　　　　　　　　　　　　近光灯开关
返回　　　　　　　　　　远光灯开关
　　　　　　　　　　　　左转向灯开关
　　　　　　　　　　　　右转向灯开关
读取数据　　　　　　　　前雾灯开关
　　　　　　　　　　　　后雾灯开关
读取故障　　　　　　　　前刮水器MIST开关
　　　　　　　　　　　　前刮水器HI挡开关
　　　　　　　　　　　　前刮水器LO挡开关
清除历史故障　　　　　　前刮水器INT挡开关
　　　　　　　　　　　　前刮水器AUTO挡开关
　　　　　　　　　　　　前洗涤器开关
　　　　　　　　　　　　回家照明功能时间
　　　　　　　　　　　　离家照明功能时间
已设置了0个故障

(b)

图 16-2　汽车灯光系统实时数据
(a) 车身控制器实时数据；(b) 组合开关实时数据

16.4.2 使用工具进行电气测量

灯光系统电气测量的标准数据如图16-3所示。

前舱配电盒

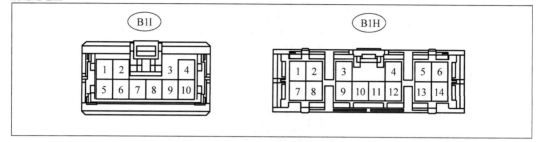

(1) 从前舱配电盒各连接器后端引线；
(2) 检查配电盒各端子电压

端子号	线色	端子描述	条件	正常值/V
B1I-1～车身地	V	B～CAN-L	始终	1.5～2.5
B1I-2～车身地	P	B～CAN-H	始终	2.5～3.5
B1I-3	—	空脚	—	—
B1I-4～车身地	Br/Y	内部报警器继电器	—	—
B1I-5～车身地	W/B	继电器控制模块	—	—
B1I-6～车身地	G/Y	时钟弹簧	—	—
B1I-7～车身地	W	大灯信号	组合开关大灯挡	<1
B1I-8～车身地	G/W	雨刮信号	组合开关雨刮挡	<1
B1I-9～车身地	Y	ON挡电源	ON挡电源	11～14
B1I-10～车身地	R/B	小灯继电器	组合开关小灯挡	11～14
B1H-1	—	空脚	—	—
B1H-2～车身地	G/B	机舱盖开关	—	—
B1H-3～车身地	L/B	前雾灯继电器控制信号	组合开关打开前雾灯	<1
B1H-4	—	空脚	—	—
B1H-5～车身地	R/G	右远光灯电源	打开远光灯	11～14
B1H-6	—	空脚	—	—
B1H-7～车身地	L/R	电喇叭继电器	—	—
B1H-8～车身地	L/R	电喇叭继电器	—	—
B1H-9～车身地	R/B	小灯继电器	组合开关小灯挡	11～14
B1H-10～车身地	R/B	小灯继电器	组合开关小灯挡	11～14
B1H-11～车身地	W/G	右近光灯电源	打开近光灯	11～14
B1H-12	—	空脚	—	—
B1H-13～车身地	W/R	左近光灯电源	打开近光灯	11～14
B1H-14～车身地	R/Y	左远光灯电源	打开远光灯	11～14

(a)

图16-3 灯光系统电气测量的标准数据
(a) 前舱配电盒标准数据；(b) 仪表板配电盒标准数据；(c) 组合开关标准数据

仪表板配电盒

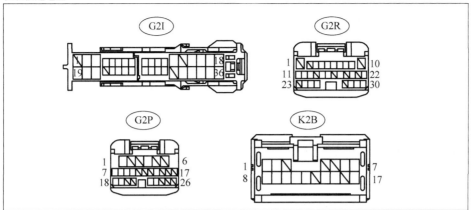

(1) 从仪表板配电盒各连接器后端引线；
(2) 检查配电盒各端子

端子号	线色	端子描述	条件	正常值/V
G2I-23～车身地	W/R	制动灯开关信号	踩下制动踏板	11～14
G2R-4～车身地	L/B	行李厢灯信号	行李厢打开	<1
G2R-15～车身地	G/Y	左后门灯开关信号	左后门打开	<1
G2R-16～车身地	G/W	右后门灯开关信号	右后门打开	<1
G2P-9～车身地	R/Y	紧急告警灯开关信号输入	按下开关	11～14
G2P-4～车身地	L	杂物箱照明灯	打开杂物箱	11～14
G2P-7～车身地	B/W	外后视镜照脚灯驱动信号	照脚灯点亮	<1
G2P-8～车身地	Y/L	左前门灯驱动	左前门打开	<1
G2P-10～车身地	Y/G	右前门灯驱动	右前门打开	<1
G2P-22～车身地	Y/L	左、右后门灯驱动	左、右后门打开	<1

(b)

组合开关

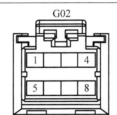

(1) 从组合开关G02连接器后端引线；
(2) 检查组合开关各端子

端子号	线色	端子描述	条件	正常值/V
G02-1～车身地	P	B～CAN-H	始终	2.5～3.5
G02-2～车身地	V	B～CAN-L	始终	1.5～2.5
G02-3～车身地	B	接地	始终	<1
G02-4～车身地	W	大灯信号	打开大灯	<1
G02-5～车身地	L/B	常电	ACC挡	11～14
G02-6～车身地	Y	ON电源	ON挡	11～14
G02-7	—	空脚	—	—
G02-8～车身地	L/W	刮水器HI挡信号	右组合开关打到HI挡	<1

(c)

图 16-3 （续）

16.5 解决故障(学员)

按照诊断流程进行操作,依据结果判断故障的具体位置(部件、端子或者线束)和类型(断路、短路、损坏等)。同时提出对该故障的解决办法,比如更换部件、线束。

16.6 进行复检(学员)

学员重复诊断流程的操作步骤,将获得的数据记录在实训记录单中,并进行对比。

此时,故障诊断设备读出的故障码作为历史故障,仍存在,需要进入BYD→"组合开关"→"清除故障",才可以清除历史故障。

16.7 再次确认(教师)

教师确认汽车故障是否消失,故障诊断设备不再读出故障。

实训 17　BYD E5汽车驻车

17.1　实训准备(教师)

实训前保证:
(1) 汽车正常可用,无动力故障;
(2) 无漏电等高压安全风险;
(3) 动力电池和低压电池电量充足。

17.2　设置故障(教师)

教师使用故障设置和诊断设备,进入 BYD→EPB→"故障设置",可以在对应的线束和端子上设置故障。

故障设置完成后,由学员进行操作。多个故障可以同时设置,建议每个实训小组只设置一个故障,不同的实训小组可以设置不同的故障。

本项目设置的低压线束/端子断路故障的位置见表 17-1。

表 17-1　低压线束/端子断路故障的位置

故障编号	线束/端子描述	位　　置	故障类型
EPB-1	EPB 开关	K32-1	线束断路
EPB-2	EPB CAN-H	GJK03-9	线束断路

17.3　发现故障(学员)

学员上车实际操作驾驶,发现故障,并将故障表现记录在实训记录单中。

17.4　故障分析和定位(学员)

根据故障表现,结合理论知识,对故障进行初步分析。将初步分析结果记录在实训记录单中,并描述故障可能发生的原因。

17.4.1 读取故障码

汽车驻车系统可能产生的所有故障码及内容见表 17-2。

表 17-2 汽车驻车系统所有的故障码及内容

DTC	故障描述	故障范围
C113014	开关电源线（对地短路或开路）	开关 线束 EPB
C113312	开关拉起检测（对电源短路）	开关 线束 EPB
C113386	开关拉起检测（无效信号）	开关 线束 EPB
C113314	开关拉起检测（对地短路或开路）	开关 线束 EPB
C113412	开关释放检测（对电源短路）	开关 线束 EPB
C113486	开关释放检测（无效信号）	开关 线束 EPB
C113414	开关释放检测（对地短路或开路）	开关 线束 EPB
C11352A	开关拉起卡死（拉起开关卡住）	开关 线束 EPB
C11362A	开关释放卡斯（释放开关卡住）	开关 线束 EPB
C110017	电压过高（ECU 过电压）	线束 EPB
C110016	电压过低（ECU 低电压）	线束 EPB
C110116	IGN 线断开	线束 EPB
C11A071	执行器卡死	EPB 线束
U007388	CAN 总线关闭	EPB 线束
U010087	与 EMC 失去通信	EPB EMC
U010187	与 TCU 失去通信	EPB TCU
U012987	与 BCS 失去通信	EPB TCU
U014087	与 BCM 失去通信	EPB TCU

续表

DTC	故障描述	故障范围
U015387	与 ACM 失去通信	EPB
		ACM
U040186	从 EMS 收到无效数据	EPB
		EMS
U048186	从 BSM 收到无效数据	EPB
		BSM
C11A172	电机 Mosfet 失效	EPB
C11A113	电机断开或失效	EPB
C111029	电机位置传感器电器/信号	EPB
C11A11D	电机过电流	EPB
C111115	电流传感器断开/短路	EPB
C111129	电流传感器信号无效	EPB
C111286	力传感器硬件错误	EPB
C111229	力传感器信号错误	EPB
C116009	ECU 硬件	EPB
C116200	装备 RUN-IN-EPB 未校准	EPB
C11A217	电机操作时间过长	EPB
C110060	电源重启	EPB
		线束

17.4.2 实时数据

汽车驻车系统工作时的实时数据如图 17-1 所示。

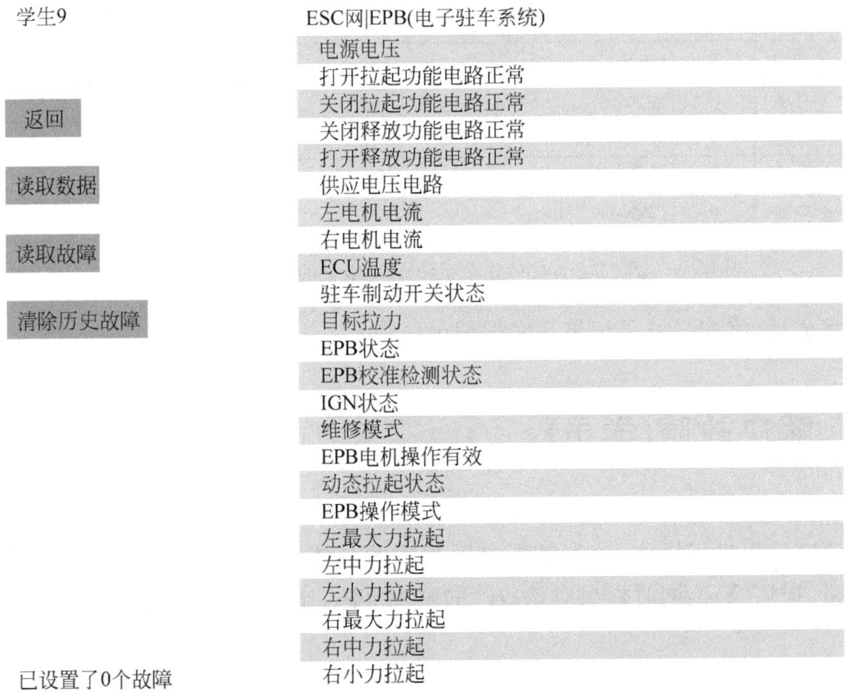

图 17-1 汽车驻车系统工作时的实时数据

17.4.3　使用工具进行电气测量

汽车驻车系统电气测量的标准数据如图17-2所示。

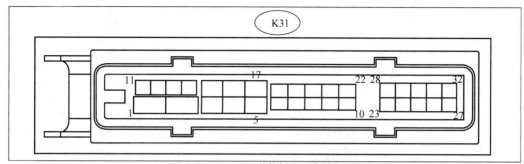

(1) 从接插件后端引线；
(2) 检查各端子电压或电阻

端子号	线色	端子描述	条件	正常值/V
K31-1～车身地	R	常电电源	始终	11～14
K31-2～车身地	B	接地	始终	<1Ω
K31-4～车身地	B	接地	始终	<1Ω
K31-5～车身地	W	常电电源	始终	11～14
K31-21～车身地	R/Y	IG1	ON挡电	11～14
K31-23～车身地	L/Y	开关信号	ON挡电	11～14
K31-24～车身地	W/L	开关信号	ON挡电	11～14
K31-25～车身地	G/Y	开关信号	ON挡电	11～14
K31-27～车身地	V	CAN-L	始终	约2.5
K31-28～车身地	G	开关信号	ON挡电	11～14
K31-29～车身地	Y	开关信号	ON挡电	11～14
K31-30～车身地	O	开关信号	ON挡电	11～14
K31-32～车身地	P	CAN-H	始终	约2.5

图17-2　汽车驻车系统电气测量的标准数据

测量完成后，将测量结果记录在实训记录单中。

17.5　解决故障(学员)

按照诊断流程进行操作，依据结果判断故障的具体位置(部件、端子或者线束)和类型(断路、短路、损坏等)。同时提出对该故障的解决办法，比如更换部件、线束。

17.6 进行复检(学员)

学员重复诊断流程的操作步骤,将获得的数据记录在实训记录单中,并进行对比。

此时,故障诊断设备读出的故障码作为历史故障,仍存在,需要进入 BYD→EPB→"清除故障",才可以清除历史故障。

17.7 再次确认(教师)

教师确认汽车故障是否消失,故障诊断设备不再读出故障。

实训 18　BYD E5制动和ABS

18.1　实训准备(教师)

实训前保证：
(1) 汽车正常可用，无动力故障；
(2) 无漏电等高压安全风险；
(3) 动力电池和低压电池电量充足。

18.2　设置故障(教师)

教师使用故障设置和诊断设备，进入 BYD→"电池管理器"→"故障设置"，可以在对应的线束和端子上设置故障。

故障设置完成后，由学员进行操作。多个故障可以同时设置，建议每个实训小组只设置一个故障，不同的实训小组可以设置不同的故障。

本项目设置的低压线束/端子断路故障的位置见表 18-1。

表 18-1　低压线束/端子断路故障的位置

故障编号	线束/端子描述	位　　置	故障类型
ABS1	主控制器 CANL	GJK03-20	线束断路
ABS2	EPS/ABSCANH	GJB05-15	线束断路
ABS3	电动真空泵开关 1	BJK01-11	线束断路
ABS4	电动真空泵开关 2	BJK01-12	线束断路
ABS5	电动真空泵开关检测	BJK01-13	线束断路
ABS6	电动真空泵压力信号	BJK01-20	线束断路
ABS7	左后轮速度传感器	K2B-7	线束断路
ABS8	右后轮速度传感器	BJK01-7	线束断路

18.3 发现故障(学员)

学员上车实际操作驾驶,发现故障,并将故障表现记录在实训记录单中。

18.4 故障分析和定位(学员)

根据故障表现,结合理论知识,对故障进行初步分析。将初步分析结果记录在实训记录单中,并描述故障可能发生的原因。

18.4.1 读取故障码

BYD E5 制动和 ABS 系统可能产生的所有故障码及内容见表 18-2。

表 18-2 BYD E5 制动和 ABS 系统可能产生的所有故障码及内容

故障码	检测项目	可能故障区
C003108 C003204	左前轮速传感器信号故障 左前轮速传感器线路故障	左前轮速传感器 左前轮速传感器电路 左前轮速传感器齿圈
C003408 C003504	右前轮速传感器信号故障 右前轮速传感器线路故障	右前轮速传感器 右前轮速传感器电路 右前轮速传感器齿圈
C003708 C003804	左后轮速传感器信号故障 左后轮速传感器线路故障	左前轮速传感器 左前轮速传感器电路 左前轮速传感器齿圈
C003A08 C003B04	右后轮速传感器信号故障 右后轮速传感器线路故障	右前轮速传感器 右前轮速传感器电路 右前轮速传感器齿圈
C001004	液压调节器左前进液阀故障	带 ECU 的 ABS 液压调节
C001104	液压调节器左前出液阀故障	带 ECU 的 ABS 液压调节
C001404	液压调节器右前进液阀故障	带 ECU 的 ABS 液压调节
C001504	液压调节器右前出液阀故障	带 ECU 的 ABS 液压调节
C001804	液压调节器左后进液阀故障	带 ECU 的 ABS 液压调节
C001904	液压调节器左后出液阀故障	带 ECU 的 ABS 液压调节
C001C04	液压调节器右后进液阀故障	带 ECU 的 ABS 液压调节
C001D04	液压调节器右后出液阀故障	带 ECU 的 ABS 液压调节
C002004	回流泵电机故障:不能运转或不能停止运转	带 ECU 的 ABS 液压调节器 带 ECU 的 ABS 液压调节器接地/电源

续表

故障码	检测项目	可能故障区
C012104	电磁阀继电器电路故障	带 ECU 的 ABS 液压调节器 带 ECU 的 ABS 液压调节器接地/电源
C024501	轮速传感器故障	轮速传感器 轮速传感器电路 轮速传感器齿圈
C055000	ABS ECU 故障	蓄电池 带 ECU 的 ABS 液压调节器电源及搭铁 带 ECU 的 ABS 液压调节器
C080001 C080002	电压低于范围 电压超出范围	蓄电池 带 ECU 的 ABS 液压调节器电源及搭铁 带 ECU 的 ABS 液压调节器
C000104	回路控制阀1故障(仅ESP有)	带 ECU 的 ESP 液压调节器
C000204	回路控制阀2故障(仅ESP有)	带 ECU 的 ESP 液压调节器
C000304	高压开关阀1故障(仅ESP有)	带 ECU 的 ESP 液压调节器
C000404	高压开关阀2故障(仅ESP有)	带 ECU 的 ESP 液压调节器
C100104	CAN 硬件故障	模块
U100004	CAN 总线关闭	网关控制器
C007204	普通阀故障(过热保护)	带 ECU 的 ESP 液压调节器
C004601	压力传感器故障(仅ESP有)	带 ECU 的 ESP 液压调节器
U012604	SAS(转角传感器)CAN 通信超时	转角传感器线路
U012608	SAS CAN 数据被破坏	转角传感器线路 转角传感器
C046008	SAS 信号故障	转角传感器 转角传感器线路
C106600	转角传感器校准错误或没校准	转角传感器线路 转角传感器
C006108	横向加速度传感器信号故障(仅ESP有)	带 ECU 的 ESP 液压调节器
C006208	纵向加速度传感器信号故障(仅ESP有)	带 ECU 的 ESP 液压调节器
C006308	偏航率位置传感器信号故障(仅ESP有)	带 ECU 的 ESP 液压调节器
C019604	集成惯性传感器故障(硬件、温度、范围、内部故障)(仅ESP有)	带 ECU 的 ESP 液压调节器
C00A800	集成惯性传感器没校准或校准出错(仅ESP有)	带 ECU 的 ESP 液压调节器

续表

故障码	检测项目	可能故障区
U010004	ECM 通信超时（仅 ESP 有）	ECM 模块及线路 ESP ECU 及线路
U010004	ECM CAN 数据被破坏（仅 ESP 有）	ECM 模块
U014004	网关通信超时	网关控制器线路
U014008	网关数据被破坏	网关控制器
C004C04	ESP 开关故障（仅 ESP 有）	ESP 开关及开关线路
C121208	变量代码故障（仅 ESP 有）	带 ECU 的 ESP 液压调节器
C004008	制动踏板开关信号故障	制动踏板开关及线路
C008208	制动系统故障指示	仪表 ABS 线路
C108008	离合信号故障（HHC）	离合器开关及线路
C108C08	倒挡开关信号故障（HHC）	倒挡开关及线路
U010104	与 TCU 失去通信	TCU 模块及线路
U010108	接收到的 TCU 数据错误	TCU 模块及线路
U100308	EPB CAN 通信超时 EPB CAN 数据被破坏	EPB 模块及线路
C040008	EPB 信号错误	EPB 模块及线路

18.4.2 实时数据

BYD E5 制动和 ABS 系统工作时的实时数据如图 18-1 所示。

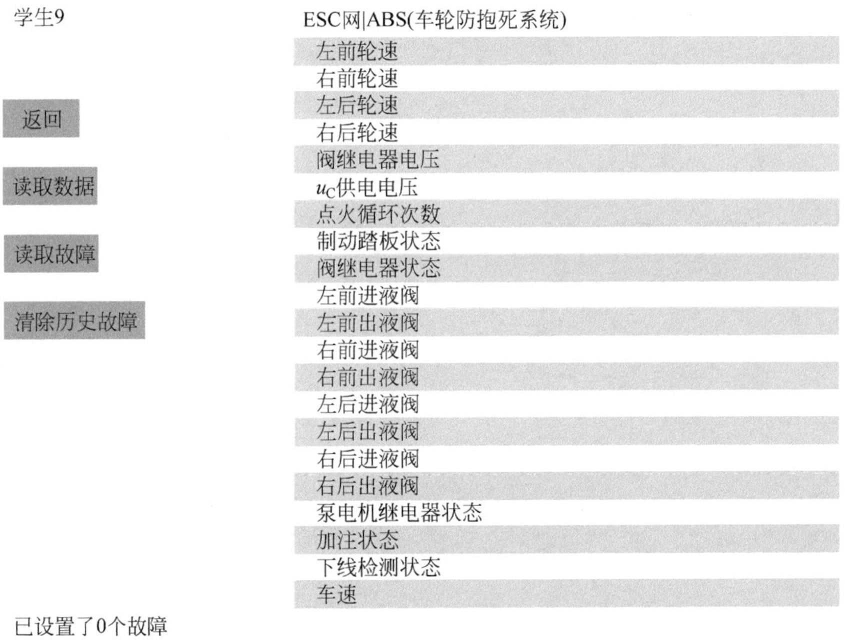

图 18-1 BYD E5 制动和 ABS 系统工作时的实时数据

18.4.3　使用工具进行电气测量

测量完成后,将测量结果记录在实训记录单中。

18.5　解决故障(学员)

按照诊断流程进行操作,依据结果判断故障的具体位置(部件、端子或者线束)和类型(断路、短路、损坏等)。同时提出对该故障的解决办法,比如更换部件、线束。

将故障位置、故障类型和解决方法等信息记录在实训记录单上,并上报教师。

18.6　进行复检(学员)

学员重复诊断流程的操作步骤,将获得的数据记录在实训记录单中,并进行对比。

此时,故障诊断设备读出的故障码作为历史故障,仍存在,需要进入 BYD→ABS→"清除故障",才可以清除历史故障。

18.7　再次确认(教师)

教师确认汽车故障是否消失,故障诊断设备不再读出故障。

实训 19　BYD E5 汽车电子助力转向系统

19.1　实训准备(教师)

实训前保证：
(1) 汽车正常可用,无动力故障；
(2) 无漏电等高压安全风险；
(3) 动力电池和低压电池电量充足。

19.2　设置故障(教师)

教师使用故障设置和诊断设备,进入 BYD→EPS→"故障设置",可以在对应的线束和端子上设置故障。

故障设置完成后,由学员进行操作。多个故障可以同时设置,建议每个实训小组只设置一个故障,不同的实训小组可以设置不同的故障。

本项目设置的低压线束/端子断路故障的位置见表 19-1。

表 19-1　低压线束/端子断路故障的位置

故障编号	线束/端子描述	位　　置	故障类型
EPS-1	EPS/ABS CAN-H	GJB05-15	线束断路
EPS-2	EPS ECU 电源	GJB04-14	线束断路

19.3　发现故障(学员)

学员上车实际操作驾驶,发现故障,并将故障表现记录在实训记录单中。

19.4 故障分析和定位(学员)

根据故障表现,结合理论知识,对故障进行初步分析。将初步分析结果记录在实训记录单中,并描述故障可能发生的原因。

19.4.1 读取故障码

BYD E5 汽车电子助力转向系统可能产生的所有故障码及内容见表 19-2。

表 19-2 BYD E5 汽车电子助力转向系统可能产生的所有故障码及内容

故障编号	故障类型	故障分析	故障排除流程
C1B0200	ECU 故障	EPS 电子控制单元内部故障	更换转向器总成
C1B0400	扭矩信号故障	扭矩传感器故障、线束开路或短路、EPS 电子控制单元内部故障	(1) 接插件是否松动、脱落。是:重新固定好;否:转步骤(2)。 (2) 线束是否开路或短路。是:修复线束;否:转步骤(3)。 (3) 扭矩传感器是否故障。是:更换转向器总成;否:转步骤(4)。 (4) EPS 控制单元故障,更换转向器总成
C1B0900	扭矩传感器未校准	没有进行扭矩传感器出厂校准	(1) 接插件是否松动、脱落。是:重新固定好;否:转步骤(2)。 (2) 扭矩信号是否已标定。是:转步骤(3);否:用诊断仪标定。 (3) 扭矩传感器是否故障。是:更换转向器总成;否:转步骤(4)。 (4) EPS 控制单元故障,更换转向器总成
C1B0A00	转角传感器未校准	没有进行转角信号标定	(1) 接插件是否松动、脱落。是:重新固定好;否:转步骤(2)。 (2) 转角信号是否已标定。是:转步骤(3);否:用诊断仪标定。 (3) 转角传感器是否故障。是:更换转向器总成;否:转步骤(4)。 (4) EPS 控制单元故障,更换转向器总成

续表

故障编号	故障类型	故障分析	故障排除流程
C1B0B00	转角信号故障	转角传感器故障、线束开路或短路、EPS电子控制单元内部故障	(1) 接插件是否松动、脱落。是：重新固定好；否：转步骤(2)。 (2) 线束是否开路或短路。是：修复线束；否：转步骤(3)。 (3) 扭矩传感器是否故障。是：更换转向器总成；否：转步骤(4)。 (4) EPS控制单元故障，更换转向器总成
C1B0D00	电源电压高	EPS供电异常、EPS电子控制单元内部故障	(1) 测试EPS电源电压是否异常(>16V)。是：检查供电系统；否：转步骤(2)。 (2) EPS控制单元故障，更换转向器总成
C1B0E00	电源电压低	EPS供电异常、电源线束连接异常、EPS电子控制单元内部故障	(1) 测试EPS电源电压是否异常(<9V)。是：检查供电系统；否：转步骤(2)。 (2) 检查EPS与蓄电池之间的搭铁片，端子是否未连接到位。是：修复；否：转步骤(3)。 (3) EPS控制单元故障，更换转向器总成
C1B0F00	电源正极断路	EPS电源线束连接异常、EPS电源保险烧坏、EPS电控单元故障	(1) 检查EPS与蓄电池之间的搭铁片，线束是否连接异常。是：修复；否：转步骤(2)。 (2) 检查EPS保险是否烧坏。是：更换保险；否：转步骤(3)。 (3) EPS控制单元故障，更换转向器总成
C1B1000	车速信号错误	车速传感器故障、EPS电控单元故障	(1) 检查动力网中车速信号报文(ID：121)第13位报文值是否为1；失效。是：检查ESP系统；否：转步骤(2)。 (2) EPS控制单元故障，更换转向器总成
C1B1100	发动机转速信号错误	发动机系统故障、EPS电控单元故障	(1) 检查动力网中发送机转速信号报文(ID：10D)第3位是否为1；失效。是：检查发动机系统；否：转步骤(2)。 (2) EPS控制单元故障，更换转向器总成
C1B1200	电机旋变信号错误	EPS电控单元故障	EPS电机故障，更换转向器总成

续表

故障编号	故障类型	故障分析	故障排除流程
C1B1300	电机温度过高	长时间转动转向盘、EPS电机故障、电控单元故障	(1)停止转动转向盘等待10min再检测当前故障是否消失。是：属于系统正常的温度保护；否：转步骤(2)。 (2)EPS电机信号故障，EPS电控单元故障，更换转向器总成
C1B1400	电机过流故障	EPS电机故障、EPS电控单元故障	更换转向器总成
C1B1500	电流偏离过大	EPS电机故障、EPS电控单元故障	更换转向器总成
C1B1600	电流传感器故障	EPS电控单元故障	更换转向器总成
C1B1700	电机温度传感器故障	EPS电机故障、EPS电控单元故障	更换转向器总成
C1B1800	电机继电器故障	EPS电机故障、EPS电控单元故障	更换转向器总成
C1B1900	EUC温度过高	长时间转动转向盘、电控单元故障	(1)停止转动转向盘等待10min再检测当前故障是否消失。是：属于系统正常的温度保护；否：转步骤(2)。 (2)EPS电控单元故障，更换转向器总成
C1B1A00	ECU温度传感器故障	EPS电控单元故障	更换转向器总成
C1B1B00	ECU继电器故障	EPS电子控制单元内部故障	更换转向器总成
C1B1C00	行驶中ON挡电丢失	接插件松动、损坏，ON挡电保险松动	(1)检查EPS整车信号接插件是否插接不好。是：连接好接插件；否：转步骤(2)。 (2)检查EPS ON挡电保险是否松动、损坏。是：更换保险；否：转步骤(3)。 (3)更换转向器总成
U029D00	与ESP失去通信	CAN通信系统故障、ESP系统故障、EPS电控单元故障	(1)检查动力网中车速信号报文(ID：121)是否不存在。是：检查ESP系统；否：转步骤(2)。 (2)EPS电控单元故障，更换转向器总成
U011000	与电机控制器失去通信	CAN通信系统故障、电机控制器故障、EPS电控单元故障	(1)检查CAN网络通信是否正常。是：转步骤(2)；否：修理CAN网络。 (2)检查动力网中电机控制器报文(ID：341)是否不存在。是：检查电机控制器；否：转步骤(3)。 (3)EPS电控单元故障，更换转向器总成

19.4.2 实时数据

BYD E5 汽车电子助力转向系统工作时的实时数据如图 19-1 所示。

学生9	ESC网|EPS(电子助力转向)
	ECU温度
	扭矩信号占空比
返回	扭矩辅信号占空比
	P值
读取数据	S值
	转角值
读取故障	直流母线电压
清除历史故障	

已设置了0个故障

图 19-1 BYD E5 汽车电子助力转向系统工作时的实时数据

19.4.3 使用工具进行电气测量

汽车电子助力转向系统电气测量的标准数据如图 19-2 所示。

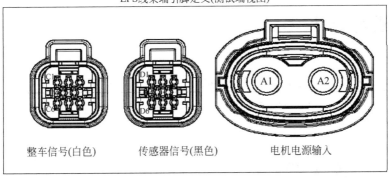

图 19-2 汽车电子助力转向系统电气测量的标准数据

测试端子	配线颜色	端子说明	测试条件	标准值
D1~车身	G	接地	ON挡电	和车身之间阻抗<1Ω
D2~车身	B/G	接地	ON挡电	和车身之间阻抗<1Ω
D3~车身	W	扭矩主信号	ON挡电	PWM占空比：12.5%~87.5%
D4~车身	B/R	电源正	ON挡电	5V
D5~车身	R	电源正	ON挡电	5V
D6~车身	V	转角S信号	ON挡电	PWM占空比：12.5%~87.5%
D7~车身	BL	转角P信号	ON挡电	PWM占空比：12.5%~87.5%
D8~车身	B	扭矩辅信号	ON挡电	PWM占空比：12.5%~87.5%
C4~车身	R/G	IG1电源	ON挡电	9~16V
C5~车身	R/G	IG1电源	ON挡电	9~16V
C7~车身	P	CAN-H	ON挡电	1.5V或3.5V
C8~车身	V	CAN-L	ON挡电	2.5V或3.5V
C(其余)	—	—	—	预留
A1~车身	B	接地	始终	和车身之间阻抗<1Ω
A2~车身	R	电源正极	始终	9~16V

图 19-2 （续）

测量完成后，将测量结果记录在实训记录单中。

19.5 解决故障(学员)

按照诊断流程进行操作，依据结果判断故障的具体位置(部件、端子或者线束)和类型(断路、短路、损坏等)。同时提出对该故障的解决办法，比如更换部件、线束。

19.6 进行复检(学员)

学员重复诊断流程的操作步骤，将获得的数据记录在实训记录单中，并进行对比。

此时，故障诊断设备读出的故障码作为历史故障，仍存在，需要进入 BYD→EPS→"清除故障"，才可以清除历史故障。

19.7 再次确认(教师)

教师确认汽车故障是否消失，故障诊断设备不再读出故障。

附录 实训项目记录单

实训项目:
实训小组编号:
故障编号:
实训日期:
实训指导教师:

步骤	故障定位(学员填写)		故障复检(学员填写)	评分(教师填写)
1. 发现故障	故障表现:		故障表现是否消失(打钩)	
	(1)		是/否	
	(2)		是/否	
	(3)		是/否	
	(4)		是/否	
2. 故障初步分析	故障可能发生的原因:			N/A
	(1)			
	(2)			
	(3)			
	(4)			
3. 读取工况数据	(1) 读取的故障码及含义		故障码清除后是否消失(打钩)	
	故障码1:	含义:	是/否	
	故障码2:	含义:	是/否	
	故障码3:	含义:	是/否	
	故障码4:	含义:	是/否	
	(2) 异常数据流条目(如果超过4个,列主要的)		解决后的异常数据流	
	条目1:	数值:	数值:	
	条目2:	数值:	数值:	
	条目3:	数值:	数值:	
	条目4:	数值:	数值:	

续表

步骤	故障定位(学员填写)	故障复检(学员填写)	评分(教师填写)
4. 测量电气	测量可疑位置的电气特性：	解决后的数值	
	测量项1：端子：编号：工具：数值：	数值：	
	测量项2：端子：编号：工具：数值：	数值：	
	测量项3：端子：编号：工具：数值：	数值：	
	测量项4：端子：编号：工具：数值：	数值：	
	测量项5：端子：编号：工具：数值：	数值：	
	测量项6：端子：编号：工具：数值：	数值：	
5. 确认故障	故障位置：(　　)部件(　　)线束/端子 故障类型（打钩）：部件/线束（端子） 解决方法：	N/A	
			总分：

参 考 文 献

[1] 比亚迪 BYD E5 维修手册[Z].
[2] 比亚迪内部培训资料[Z].
[3] 张凯,何军. 电动汽车应用技术[M]. 北京:清华大学出版社,2016.
[4] 朱小春. 电动汽车网络与电路分析[M]. 北京:清华大学出版社,2017.
[5] 朱小春. 驱动电机及控制技术[M]. 北京:清华大学出版社,2017.